CHINA LEGAL EDUCATION RESEARCH

教育部高等学校法学类专业教学指导委员会
中国政法大学法学教育研究与评估中心 主办

中国法学教育研究
2023年第3辑

主　　编：田士永
执行主编：王超奕

中国政法大学出版社

2024 · 北京

图书在版编目（CIP）数据

中国法学教育研究. 2023 年. 第 3 辑 / 田士永主编.
北京 : 中国政法大学出版社, 2024. 1. -- ISBN 978-7-5764-1836-1

Ⅰ. D92-4

中国国家版本馆 CIP 数据核字第 20244F1J39 号

出 版 者　中国政法大学出版社

地　　址　北京市海淀区西土城路 25 号

邮寄地址　北京 100088 信箱 8034 分箱　邮编 100088

网　　址　http://www.cuplpress.com (网络实名：中国政法大学出版社)

电　　话　010-58908289(编辑部) 58908334(邮购部)

承　　印　保定市中画美凯印刷有限公司

开　　本　650mm×960mm　1/16

印　　张　14

字　　数　160 千字

版　　次　2024 年 1 月第 1 版

印　　次　2024 年 1 月第 1 次印刷

定　　价　75.00 元

目 录

CONTENTS

法学教育

张西峰

卓越涉外法治人才培养：目标、问题及路径……3

胡 斌

论习近平法治思想研究与教学工作的优化……25

何静秋

新时代涉外法治人才培养的治理逻辑与协同面向……40

课堂与教学

周建涛 金迈杰 周建波 田 华

基于自身生案例的 MBA《商法》课程模拟法庭探索……65

张 霞

经济法课程案例教学难点及完善路径研究……84

王晓晓

法学双语教学课程的现实困境与突破路径

——以《刑法总论》课程为例……101

陈 健 林沐政

法学虚拟仿真实验教学平台建设研究……116

屈 新

监察法学案例教学的综合改善……127

司马俊莲 邓 浩

新时代民族高校本科法学专业实践教学体系构建的六个维度……151

法律职业

杨东升 李宪君

法科学生就业与专业建设联动改革研究……179

百花园

冯 茜

技术加速时代思想政治教育的困境与超越……199

杨志达 张洪榛

以深度辅导提升大学生入党启蒙教育质量路径探索……214

法学教育

Legal Education

卓越涉外法治人才培养：目标、问题及路径　张西峰

论习近平法治思想研究与教学工作的优化　胡　斌

新时代涉外法治人才培养的治理逻辑与协同面向　何静秋

卓越涉外法治人才培养：目标、问题及路径*

◎张西峰**

摘　要：当前，我国亟需大批卓越涉外法治人才运用法治思维与法治手段维护国家权益。卓越涉外法治人才应德法兼修、兼具世界眼光和家国情怀、通晓国际规则，能够参与国际合作与竞争，善于处理涉外法律事务。我国在涉外法治人才培养方面存在顶层设计尚需完善、学科不够健全、体系化课程设置尚待加强、协同培养不够等问题。针对卓越涉外法治人才培养方面存在的问题，我国应做好顶层设计、加强学科建设、完善课程

---

* 本文系作者主持的中国政法大学校级教育教学改革项目“卓越涉外法治人才培养：目标、路径及检视”的研究成果（项目编号：JG2023A007）。

** 张西峰，中国政法大学国际法学院教授、法学博士，中国政法大学金融法研究中心执行主任，中国法学会银行法学研究会理事、学术委员会秘书长，北京市法学会国际经济法学研究会副会长，主要从事国际经济法、国际金融法、法学教育研究。

设置、开展协同培养，全面提升人才培养质量。同时，应建立适当的评价体系，评判卓越涉外法治人才培养效果。

关键词：卓越涉外法治人才；顶层设计；学科建设；课程设置；评价体系

当今世界正经历百年未有之大变局，大变局就是大变法，实际上是规则重定的博弈，现行国际法规则必将随之发生变革，全球治理体系亦会发生深刻调整，这对我国来说既是机遇、亦为挑战。人类社会的发展进程表明，国家之间的竞争与博弈已转向“法律战”。〔1〕习近平总书记在党的二十大报告中强调：“世界百年未有之大变局加速演进……世纪疫情影响深远，逆全球化思潮抬头，单边主义、保护主义明显上升，世界经济复苏乏力，局部冲突和动荡频发，全球性问题加剧”，“要坚持统筹推进国内法治和涉外法治”。有学者指出，越来越多的西方大国打着法治幌子、披着法律外衣进行着霸权霸道霸凌的行径。〔2〕疫情期间国际形势错综复杂，这些情形的存在均需要大批卓越涉外法治人才，运用法治思维与法治手段维护国家权益。基于现实的需求和供给的不足，亟需从国家层面做出统筹安排，系统培养卓越涉外法治人才。本文将围绕我国高校卓越涉外法治人才的培养目标、问题及路径展开讨论，以及对培养什么样的卓越涉外法治人才、如何培养卓越涉外法治人才、怎样评价卓越涉外法治人才培养效果等问题有所回应，为卓越涉外法治人才培养提供管窥之见。

---

〔1〕 Orde F. Kittrie, *Lawfare*: *Law as a Weapon of War*, Oxford University Press, 2016, p. 1.

〔2〕 黄文艺：《推进中国式法治现代化 构建人类法治文明新形态——对党的二十大报告的法治要义阐释》，载《中国法学》2022年第6期。

党的二十大报告指出："当前，世界之变、时代之变、历史之变正以前所未有的方式展开。" 这些变化最终将体现为国际秩序、国际规则的演变。"我们必须在全球范围内，在治理方面有话语权、决策权、参与权"。[1] 习近平总书记指出："中国走向世界，以负责任大国参与国际事务，必须善于运用法治……全球治理体系正处于调整变革的关键时期，我们要积极参与国际规则制定，做全球治理变革进程的参与者、推动者、引领者"。[2] 习近平总书记在中央全面依法治国工作会议上指出："要加快涉外法治工作战略布局，协调推进国内治理和国际治理，更好维护国家主权、安全、发展利益。"[3] 2023 年 11 月 27 日，中共中央政治局就加强涉外法治建设进行第十次集体学习，习近平总书记在主持学习时强调："加强涉外法治建设既是以中国式现代化全面推进强国建设、民族复兴伟业的长远所需，也是推进高水平对外开放、应对外部风险挑战的当务之急。要从更好统筹国内国际两个大局、更好统筹发展和安全的高度，深刻认识做好涉外法治工作的重要性和紧迫性，建设同高质量发展、高水平开放要求相适应的涉外法治体系和能力，为中国式现代化行稳致远营造有利法治条件和外部环境。" 无论是参与国际规则的制定，推动引领全球治理变革，还是统筹推进国内法治和涉外法治，均需涉外法治人才提供智力支撑。

习近平总书记指出："人才是第一资源" "办好中国的事情，

---

〔1〕 张文显：《中国法学教育的改革发展问题》，载《北京航空航天大学学报（社会科学版）》2018 年第 2 期。

〔2〕 习近平：《加强党对全面依法治国的领导》，载《求是》2019 年第 4 期。

〔3〕 习近平：《坚定不移走中国特色社会主义法治道路 为全面建设社会主义现代化国家提供有力法治保障》，载《人民日报》2020 年 11 月 18 日，第 1 版。

关键在党，关键在人，关键在人才”。[1] 习近平总书记在党的二十大报告中强调：“全面提高人才自主培养质量，着力造就拔尖创新人才”。卓越涉外法治人才的培养在涉外法治建设中具有基础性、战略性、先导性地位，是全面依法治国系统工程中的重要组成部分。我国的国家利益分布从集中于本土向本土和海外并重的方向转变，从国家利益角度看，中国的海外利益已遍布全世界，正在形成一个“海外中国”与整体国家利益不可分割的局面。我们的国家利益延伸到哪里，维护这些利益安全的研究就要延伸到哪里。高水平的法学院就要培养能够自由行走在国际的法律人才。[2] 这是一个需要也一定能够产生大批高素质涉外法律人才的时代。[3]

一、我国高校卓越涉外法治人才培养目标

（一）德法兼修、立德为先

习近平总书记指出：“法学教育要坚持立德树人，不仅要提高学生的法学知识水平，而且要培养学生的思想道德素养。”[4] 在中央全面依法治国工作会议上，习近平总书记指出：“要坚持

[1] 《习近平谈做好组织工作：关键在党 关键在人》，载共产党员网：https://news.12371.cn/2018/07/04/ARTI1530657673950302.shtml，最后访问日期：2023年5月25日。

[2] 徐显明：《高等教育新时代与卓越法治人才培养》，载《中国大学教学》2019年第10期。

[3] 谢靓：《为新时代对外开放提供有力法律支撑——全国政协“建设高素质的涉外法律服务人才队伍”双周协商座谈会综述》，载《人民政协报》2020年4月18日，第2版。

[4] 习近平：《立德树人德法兼修抓好法治人才培养 励志勤学刻苦磨炼促进青年成长进步》，载《人民日报》2017年5月4日，第1版。

建设德才兼备的高素质法治工作队伍。”[1] 卓越涉外法治人才是高素质法治人才的重要组成部分。适应国家需要，培养卓越涉外法治人才是我国高校的使命担当。习近平总书记就法治人才培养提出了“德法兼修”的要求，法治人才培养要坚持立德树人。这要求卓越涉外法治人才的培养，既要注重学生知识技能的培养，也要注重学生理念信念和职业伦理的教育。[2] 卓越涉外法治人才的使命在于维护国家利益，必须讲政治、有德行。

2018 年，教育部、中央政法委出台的《关于坚持德法兼修实施卓越法治人才教育培养计划 2.0 的意见》（以下简称《2.0 意见》）中强调了“厚德育，铸就法治人才之魂”。2023 年 2 月，中共中央办公厅、国务院办公厅印发的《关于加强新时代法学教育和法学理论研究的意见》（以下简称《两办意见》），是新中国历史上第一个以法学教育和研究为主题的中央文件，在中国法学教育史上具有里程碑意义。《两办意见》提出：“坚持和加强党的全面领导，确保法学教育和法学理论研究始终沿着正确政治方向前进。”“坚持立德树人、德法兼修，努力培养造就更多具有坚定理想信念、强烈家国情怀、扎实法学根底的法治人才。”2023 年 11 月 27 日，习近平总书记在中共中央政治局第十次集体学习时强调：“要加强专业人才培养和队伍建设。坚持立德树人、德法兼修，加强学科建设，办好法学教育，完善以实践为导向的培养机制，早日培养出一批政治立场坚定、专业素质过硬、通晓国际规则、精通涉外法律实务的涉外法治人才。”德是才之帅、才是

---

[1] 习近平：《坚定不移走中国特色社会主义法治道路 为全面建设社会主义现代化国家提供有力法治保障》，载《人民日报》2020 年 11 月 18 日，第 1 版。

[2] 卢春龙：《“四型人才”导向的“四跨”——中国政法大学法治人才培养新模式》，载《政法论坛》2019 年第 2 期。

德之资，有德无才误事，有才无德坏事。“立德树人、德法兼修是社会主义法学教育和法治人才培养的根本底色。要引导广大涉外法治人才时刻注重自身思想品德修养，恪守法律职业伦理底线，既讲大德，也讲公德、讲私德，努力塑造德才兼备、德法兼修、明法笃行的高素质涉外法治人才。”〔1〕为了满足国家的战略需求，我国高校应秉持德法兼修、以德为先的理念、注重价值引领，把握精神实质，遵循立德树人的生成逻辑、实践进路，培养造就大批德才兼备、知行合一的卓越涉外法治人才。

（二）世界眼光、家国情怀

由主权国家构成的国际社会，既存在各个国家的利益，也存在国际社会共同利益，战争问题、难民危机、环境问题、公共卫生问题等关涉人类的持久和平、普遍安全与共同繁荣。全球治理体系的变革、国际良法与全球善治、跨境司法合作、国际争端解决等领域对涉外法治人才有着更高要求。构建人类命运共同体以维护全人类共同利益为价值追求，这就要求卓越涉外法治人才能够跨文化交流，具备全球化思维、审视全球的世界眼光和宽广的国际视野。

由于涉外法治工作的特殊性，对国家民族的深情、对国情的认知、对我国法治建设的认同，是成为卓越涉外法治人才的前提条件，卓越涉外法治人才应具有强烈的家国情怀。〔2〕应当将家国情怀放在涉外法治人才素养培养的核心地位，涉外法治人才应与国家同呼吸、共命运，与中国一起走向世界舞台的中央，展现国家的核心价值。涉外法治人才的培养必须把爱国主义精神的培

---

〔1〕 马怀德：《加强涉外法治人才培养》，载《红旗文稿》2023年第24期。

〔2〕 黄进：《实施“一带一路”战略 培养一流法治人才》，载《中国大学教学》2016年第8期。

养放在首要位置。[1] 维护国家主权、安全、发展利益，是卓越涉外法治人才必备的政治素养，是目的性的要求。卓越涉外法治人才要胸怀祖国、胸怀人民、胸怀天下，应有担当、有作为，能够为实现中华民族伟大复兴贡献法律智慧。

（三）知识与能力双轮驱动

国际局势风云变幻，新情况、新问题、新变化层出不穷，重大疑难复杂的国际法律问题，需要卓越涉外法治人才提供新方案，来影响和塑造世界新格局。法治是捍卫国际秩序，维护国家利益的重要工具。卓越涉外法治人才应具备应对未来及变化的知识结构，熟练掌握既有法律专业知识又有教师传授和学生研习形成中的、未定型的、变动不居的知识才能应对新挑战。[2]

卓越涉外法治人才应具备扎实的法学功底、高超的法律外语水平和解决涉外法治实际问题的能力，能够融会贯通地运用法律知识与法律外语。高校应以“外语法学双精通”为目标，培养造就大批能够参与制定国际规则、有能力管理全球公共事务，引领全球法律理论变革，能够运用法律思维进行思考、说理、辩论和论争，能够将法理、情理有机结合，运用法律外语精准表达的卓越涉外法治人才。专业教育培养的知识与解决涉外法律问题的能力，是卓越涉外法治人才运用法律手段维护国家利益的车之两轮。

（四）“四型”人才、责任担当

主权国家相互独立、国际社会又相互依存，一项国际法律问

---

〔1〕 崔晓静：《高端涉外法治人才培养的理念与模式创新》，载《中国大学教学》2022年第11期。

〔2〕 刘梦非：《我国涉外法治人才培养的标准迭代与路径平衡》，载《四川警察学院学报》2022年第3期。

题，背后往往与国际政治、国际关系、国际经济等因素交织在一起。涉外法治人才解决国际法律问题需要具备复合型知识，并有能力洞察法律背后的真相。涉外法治人才既要掌握既有知识，又要研习形成中的新知识，能够运用新知识提出解决问题的新方案。这注定要求涉外法治人才是复合型、应用型、创新型人才。涉外法治人才需要具有跨文化交流的素质，以及研究和解决国际法律问题的能力，这必然要求其成长为国际型人才。卓越涉外法治人才最终应成长为适应国家涉外法治建设需要的复合型、应用型、创新型、国际型的“四型”人才，担当起为改革开放和社会主义现代化建设服务的大任。

二、我国高校卓越涉外法治人才培养中存在的问题

近年来我国在涉外法治人才培养方面已取得了一定成效，已培养了大批涉外法治人才，在顶层设计方面，出台了《2.0 意见》，对涉外法治人才培养提出了明确要求，《两办意见》为加强新时代法学教育和法学理论研究提出了总体要求，指明了法学教育方向。在学科建设方面，教育部提出支持符合条件的高校探索设置国际法一级学科及相关二级学科；在体系化课程设置方面，部分高校已开设培养涉外法治人才的专业必修课、专业选修课、支撑课程等课程体系；在协同培养方面，引领型高校已开展跨学院学校、跨国家地区等培养模式。但是，无论是数量还是质量，涉外法治人才的培养还存在诸多不足。

我国面临的国际法律斗争形势越来越严峻，习近平总书记指

出："涉外法治短板比较明显"。〔1〕我国现有的涉外法治人才储备远远不能满足时代的需要，主要表现为"数量不足、能力不足、经验不足、培养不足"。〔2〕现有涉外法律人才的数量和质量都难以适应我国日益走近世界舞台中央的历史进程。〔3〕适应国家战略需要，加强涉外法治工作战略布局，应对国际法律斗争，需要培养造就大批卓越涉外法治人才。毋庸讳言，目前我国缺乏知识结构完备、实践经验丰富且具有家国情怀的涉外法治人才。我国高校卓越涉外法治人才培养存在以下突出问题。

（一）顶层设计尚需完善，一体化培养方案有待构建

鉴于卓越涉外法治人才对我国参与国际治理体系以及维护国家权益具有重要意义，我国要打破卓越涉外法治人才培养、管理、使用等各个环节存在的体制机制障碍，加强顶层设计，构建国家统筹体制，将习近平法治思想中的"坚持统筹推进国内法治和涉外法治"的要求落到实处。

涉外法治人才培养已得到空前重视，《2.0意见》强调"促开放，构建涉外法治人才培养新格局"，并就涉外法治人才培养中的国际交流合作等作出安排，但就顶层设计而言，尚有缺失部分。卓越涉外法治人才培养、管理、使用等环节还存在一定的体制机制障碍，其中并没有明确中央全面依法治国委员会在卓越涉外法治人才培养的统筹领导地位，缺少卓越涉外法治人才的培养方案与培养标准，政策、资金等方面的支持还缺少制度性保障。

---

〔1〕 习近平：《坚持走中国特色社会主义法治道路 更好推进中国特色社会主义法治体系建设》，载《求是》2022年第4期。

〔2〕 黄进：《完善法学学科体系，创新涉外法治人才培养机制》，载《国际法研究》2020年第3期。

〔3〕 黄惠康：《从战略高度推进高素质涉外法律人才队伍建设》，载《国际法研究》2020年第3期。

卓越涉外法治人才培养过程中招生、培养、就业方面缺失一体化方案。另外，由于卓越涉外法治人才培养周期长、投入多，目前激励机制不健全，尚不能有效地提升卓越涉外法治人才的培养效果。

（二）学科建设不健全，平台仍需搭建

目前，在涉外法治人才培养方面，存在的突出问题是，未形成兼容并包的学科体系，缺少法学与非法学之间的学科交叉融合教学体系，多元化的全球治理需求与单纯的法学教育之间存在巨大张力。历史的原因，英美法目前可以说是国际上被普遍适用的游戏规则。只有掌握了游戏规则，才会对规则有话语权，才能够设立对自己更有利的规则。学科建设方面，外语专业与法律专业未能很好地交叉融合，导致的后果是外语能力突出的学生缺少法律专业素养训练，法律专业扎实的学生，外语能力又不足够强。

有学者指出，“国际公法学、国际私法学与国际经济法学三个二级学科硬拼成所谓‘国际法学’一个二级学科，其结果必然是有害无益的”。〔1〕1997年我国在进行学科专业调整时，取消了国际法本科专业，将国际公法、国际私法和国际经济法三个法学二级学科合并为一个“国际法学”二级学科。可以说耽误了我国涉外法治人才培养20多年。〔2〕涉外法治人才培养在学科建设方面，国际法一级学科和法律英语二级学科的缺失导致高校在培养涉外法治人才时，缺少有力抓手。

---

〔1〕 韩德培：《论国际公法、国际私法与国际经济法的合并问题——兼评新颁〈授予博士、硕士学位和培养研究生的学科、专业目录〉中有关法学部分的修订问题》，载《中国国际私法与比较法年刊》1998年第0期。

〔2〕 黄进：《完善法学学科体系，创新涉外法治人才培养机制》，载《国际法研究》2020年第3期。

（三）体系化课程设置有待加强，有效支撑未能完全形成

在卓越法治人才培养的课程体系设置方面，普遍性问题表现为：法律职业伦理与实践教学课程体系有待加强，德性教育与专业教育未能形成合力；实习和实训课占比不够，知识教学与实践教学缺少贯通；涉外教学计划和课程较为零散，外语类课程与法学课程相互脱节，跨文化交流不足，未能形成交叉融合效应，导致学生涉外法律思维缺失，涉外法律基础不扎实。

“现在中国高校有一个问题，同质化严重。所以，应当在规模中追求多元化，质量中追求特色化”。[1] 传统法治人才培养过程中，不同院校的课程设置过于雷同，高校法学专业的人才培养模式千篇一律，特色不突出，呈现出人才培养“千人一面”的局面。高校缺少专门性、“专精一国”的类型化涉外法治人才培养的课程体系，以国际工程法治为例，随着“一带一路”建设的推进，我国海外工程项目越来越多，必然需要既懂法律又懂工程，且精通外语的复合型人才，但是高校普遍缺少围绕国际工程法开设的课程。当前，法学院校亟需探索开设诸如国际工程法、国际航空航天法等适合于培养类型化涉外法治人才的课程体系。

（四）协同培养不够，合力不强

卓越涉外法治人才的培养已经成为全面依法治国战略的重要组成部分，是统筹推进国内法治和涉外法治的关键环节。卓越涉外法治人才的培养主体应当多元化，政府、高校、律所、涉外仲裁机构等多元主体应充分发挥各自的优势，构建协同培养机制，共同承担涉外法治人才培养责任。

---

〔1〕 黄进：《新发展理念背景下中国法学教育的发展方向》，载《北京航空航天大学学报（社会科学版）》2018年第2期。

当前，在培养主体方面，条块分割现象严重，协同机制尚需深化。法学院校和外语院校之间不能很好地形成合力，联合培养机制有待完善。高校与政府机构、律师事务所、国际组织等机构缺少足够的协同。高校培养的涉外法治人才与涉外部门的实际需求不能很好地匹配，导致供需相脱节、学生学非所用，用人单位接收学生后又要重新磨合、培养。

法学的社会性、经验性很强，实践教学是培养法治人才实践能力的重要环节。我们培养的卓越涉外法治人才应对国际社会具有较强的经验感知，必须关注涉外法治实践，并能够将所学的法学知识和理论运用其中。在实践教学方面，需要强化内外协同育人机制。高校与政府机构、律师事务所、国际组织、跨国公司之间通过实习实践、模拟法庭等方式形成校地协同、校所协同、校企协同等多元协同育人模式，以及跨国家地区的国际合作协同，能有效提升涉外法治人才的国际化水平。在涉外法治人才培养过程中，由于高校与实务部门之间的协同不够，导致实质的涉外法律实务训练缺失，无法满足涉外法治人才培养的需要。

卓越涉外法治人才培养过程中存在的上述问题，不利于卓越涉外法治人才的培养。针对上述问题，我国应科学合理规划培养路径，完善顶层设计、强化学科建设、加强课程设置、增强协同培养，努力培养并造就大批卓越涉外法治人才，从而维护国家主权、安全、发展利益。

三、我国高校卓越涉外法治人才培养路径

卓越涉外法治人才培养是系统工程，关键在于怎么落实。这需要回答如何培养卓越涉外法治人才的问题。为了培养符合国家

需要的卓越涉外法治人才，我国高校必须按照人才成长规律改进培养机制，积极推动培养模式转型升级。在转型过程中，我们需要瞄准新目标、构建新体制、打造新平台、完善新体系、凝聚新合力、形成新模式，并付诸行动，久久为功。

（一）顶层设计：构建卓越涉外法治人才培养新体制

从领导体制方面来讲，坚持党管人才的方针，卓越涉外法治人才培养应由中央全面依法治国委员会统筹领导。培养方案和教育标准应由中央政法委牵头，由教育部等单位协同制定。[1] 制定系统性的涉外法治人才培养行动计划，推动涉外法治人才培养的规模化、规范化和科学化，形成本硕连读、硕博连读以及中外合作培养等方案。规划卓越涉外法治人才从高校到实务部门培养成长通道，在招生、培养时以需求为导向，为卓越涉外法治人才找好“出口”，有针对性地为政府涉外部门，主要从事涉外业务的大型国有企业等单位定向培养，从而解决涉外法治人才培养中存在的学非所用、就业压力等问题。卓越涉外法治人才培养领导机构，可整合资源优势，打通法学院校与承担涉外法治工作的政府部门、企事业单位、律师事务所等环节，制定专项工作方案，提升培养教育体系化水平。

卓越涉外法治人才培养顶层设计中要确立激励机制，激发卓越涉外法治人才培养新动力。激励机制对人才培养能够起到导向、动力、优化和凝聚等作用。在卓越涉外法治人才培养过程中，激励机制能够给相关院校和学生起到更好的导向作用，让其按照国家规划的目标努力发展。良好的激励机制能够为相关高校

---

〔1〕 杜焕芳：《涉外法治专业人才培养的顶层设计及实现路径》，载《中国大学教学》2020 年第 6 期。

和学生充分发挥自身价值提供巨大动力。国家应加大财政支持、设置涉外法治人才培养专项基金，实施卓越涉外法治人才培养国家奖励制度，对在卓越涉外法治人才培养领域取得突出成效的单位和个人按规定进行表彰奖励。对于立志从事涉外法治工作的在校学生，可设置专项奖助学金。

（二）学科建设：打造卓越涉外法治人才培养新平台

学科建设直接为民族复兴作贡献。学科的核心职能是知识创新、人才培养、社会服务。[1] 2016年，习近平总书记在哲学社会科学工作座谈会上，明确提出须“使基础学科健全扎实、重点学科优势突出、新兴学科和交叉学科创新发展、冷门学科代有传承、基础研究和应用研究相辅相成、学术研究和成果应用相互促进”。[2] 2017年，习近平总书记在中国政法大学考察时指出“法学学科体系建设对于法治人才培养至关重要。我们有我们的历史文化，有我们的体制机制，有我们的国情，我们的国家治理有其他国家不可比拟的特殊性和复杂性，也有我们自己长期积累的经验和优势，在法学学科体系建设上要有底气、有自信”，同时指出法学学科体系存在的问题，主要包括“学科结构不尽合理，法学学科体系、课程体系不够完善；社会亟需的新兴学科开设不足，法学学科同其他学科交叉融合还不够，知识容量需要扩充；有的学科理论建设滞后于实践，不能回答和解释现实问题；有的教材编写和教学实施偏重于西方法学理论、缺乏鉴别批判，对中

---

〔1〕 陈兴德、张斌：《“双一流”建设背景下重审学科本质及其演化规律》，载《福建师范大学学报（哲学社会科学版）》2022年第4期。

〔2〕 习近平：《在哲学社会科学工作座谈会上的讲话》（2016年5月17日），人民出版社2016年版，第23页。

国特色社会主义法治理论研究不够深入”。〔1〕习近平总书记在党的二十大报告中强调：“加强基础学科、新兴学科、交叉学科建设，加快建设中国特色、世界一流的大学和优势学科。”学科建设是高校的发展根基，学科之于人才培养的重要性不言而喻。培养一流的学生有利于建设一流的专业，一流专业则要有强有力的优势学科作为支撑。〔2〕

《两办意见》明确提出“优化法学学科体系，完善涉外法学相关学科专业设置，支持能够开展学位授权自主审核工作的高等学校按程序设置国际法学相关一级学科或硕士专业学位类别，支持具有法学一级学科博士学位授权点的高等学校按程序自主设置国际法学相关二级学科，加快培养具有国际视野，精通国际法、国别法的涉外法治紧缺人才。”〔3〕在新时代新征程上，面对当今世界之变、时代之变、历史之变，中国法学界应当深入学习贯彻党的二十大精神，坚持以习近平新时代中国特色社会主义思想为指导，深入贯彻习近平法治思想，加快法学学科推陈出新、迭代更新、交叉创新的步伐，构建中国特色、世界一流的法学学科体系。中国法学学科体系建设，应当加强法学基础学科、新兴学科、交叉学科、涉外学科、冷门学科等学科建设，构建全方位、全领域、全要素的法学学科体系。〔4〕为了培养造就大批卓越法治人才培养，我们必须加大国际法和法律英语学科建设。建设国际法一级学科和国际公法、国际经济法、国际私法、法律英语等

---

〔1〕 习近平：《论坚持全面依法治国》，中央文献出版社2020年版，第174~175页。

〔2〕 孙玉清：《大学的学科与专业》，载《中国高等教育》2016年第7期。

〔3〕 参见《中办国办印发〈关于加强新时代法学教育和法学理论研究的意见〉》，载《人民日报》2023年2月27日，第1版。

〔4〕 黄文艺：《论构建中国特色、世界一流的法学学科体系》，载《法学家》2023年第2期。

与涉外法治相关二级学科及交叉学科，以学科建设为抓手打造卓越涉外法治人才培养新平台。

从学科建设的角度来看，如果将国际法学增列为一级学科，必将为卓越涉外法治人才培养提供有力抓手。就国际法学一级学科建设问题，十三届全国人大四次会议曾向教育部提出“关于将国际法学列为一级学科，加强涉外法治人才培养的建议”。教育部作出答复，将会同司法部做好以下几方面工作：一是继续支持有条件的高校在法学一级学科下自主设置国际公法、国际私法、国际经济法二级学科，支持能够开展学位授权自主审核工作的高校探索设置相关一级学科，推动培养模式改革，培养博士硕士高层次人才。[1] 2022年公布的第二轮双一流建设高校名单中，法学入选双一流学科建设的北京大学、清华大学、中国人民大学、中国政法大学、武汉大学、中南财经政法大学6所高校，可根据教育部的答复精神，积极落实《两办意见》，创造条件抢抓机遇，争取早日设置国际法一级学科，并按程序设置涉外法治相关二级学科、交叉学科和专业，建设一批以国际法为特色的国家级一流法学专业学科点。国际法一级学科与涉外法治相关二级学科的设置能够为卓越涉外法治人才培养打造新平台。

从外语素养的维度来讲，涉外法治专业人才应成为能够运用法律外语处理涉外法律事务的高层次复合型专业人才。卓越涉外法治人才核心能力之一是通晓国际规则，国际规则主要表现为国际条约、协定等，作准文本通常为英语。“长期以来，英美等国始终是国际规则的主导者和制定者，这些规则背后渗透着英美等

[1] 《对十三届全国人大四次会议第8342号建议的答复》（教高建议〔2021〕120号），载教育部官网：http://www.moe.gov.cn/jyb_xxgk/xxgk_jyta/jyta_gaojiaosi/202109/t20210907_560085.html，最后访问日期：2023年5月23日。

国的法律意识、法律精神和法律价值”。[1] 英语是国际通用语言，国际司法机构所使用的工作语言主要是英语，比如，动辄数百页的国际法院判决书均是以英文写成。再加上，在法律全球化过程中，美国法出现了全球化的趋势，并主导着法律全球化。[2]

卓越涉外法治人才必须精通外语，特别是法律英语。“法律英语是完成涉外法律工作不可或缺的工具，是涉外法治专业人才的培养核心”。[3] 法律英语绝不是法律与英语的简单结合，掌握法律英语必须具备法律和英语两种知识背景。[4] 目前，“法律英语”二级学科尚付阙如，有学者建议将法律英语定位为与商务英语并列的学科方向。[5] 设置法律专业与英语专业交叉融合的“法律英语”二级学科，开设法律英语知识课程和法律英语技能与实践课程。法律英语知识课程应包括法律英语、英美法律文化、法律英语写作、法律英语视听说、法律英语阅读等，引导学生掌握法律英语基本知识；法律英语技能与实践课程主要是实践类课程，如法律英语辩论、合同文本翻译等。做到法律与英语两手抓，有利于培养精通法律与英语的卓越涉外法治人才。

（三）课程设置：完善卓越涉外法治人才培养新体系

承担卓越涉外法治人才培养任务的院校应完善课程设置，丰富课程体系。卓越涉外法治人才培养课程体系应包括法律职业伦

---

〔1〕 郭德香：《我国涉外法治人才培养模式探析》，载《浙江树人大学学报（人文社会科学版）》2021 年第 4 期。

〔2〕 高鸿钧：《美国法全球化：典型例证与法理反思》，载《中国法学》2011 年第 1 期。

〔3〕 张法连、李文龙：《我国涉外法治专业人才培养体系构建研究》，载《语言与法律研究》2019 年第 1 期。

〔4〕 张法连：《法律英语——法律从业人员的必修课》，载《中国律师》2008 年第 8 期。

〔5〕 张法连：《法律英语学科定位研究》，载《中国外语》2019 年第 2 期。

理课程体系、实践教学课程体系、专业课程体系、支撑课程体系，从而形成培养卓越涉外法治人才的课程体系群。

育人为本，德育为先。法治人才首先要品德优良。卓越涉外法治人才具有维护国家利益的天然使命，国家利益意识必须更强，理想信念必须更加坚定，政治素质必须更加过硬、品德要求必须更高。我国传统法学课程体系设置中存在着重技能轻德性的缺陷，不利于实现德法兼修的法治人才培养目标。卓越涉外法治人才培养，必须确立"以德为先"统领德法兼修卓越涉外法治人才的全新理念。目前，有高校已形成了"理论教学—案例教学—法律诊所—法律实习"的标准化、层层递进的"学训一体"法律职业伦理教学体系。[1] 结合涉外法治的独特特点，按照"学训一体"模式设置法律职业伦理课程体系，铸就卓越涉外法治人才高尚品德，将以德为先落到实处。

"法学学科是实践性很强的学科，法学教育要处理好知识教学和实践教学的关系。"[2]《2.0意见》明确指出："重实践，强化法学教育之要。"《两办意见》要求，强化法学实践教学，深化协同育人，积极拓宽法学专业学生到国际组织实习渠道。"法学是世俗的学问，甚至很多是实践性的、技术性的"。[3] 培养卓越涉外法治人才，需强化涉外法律实践教学。在涉外法治人才培养中，以实践创新为导向，优化升级实践教学课程体系，加强法律实践教育是卓越涉外法治人才培养模式转型升级的必由之路。

---

〔1〕 刘坤轮：《"学训一体"法律职业伦理教学模式的实践与创新》，载《政法论坛》2019年第2期。

〔2〕 习近平：《立德树人德法兼修抓好法治人才培养 励志勤学刻苦磨炼促进青年成长进步》，载《人民日报》2017年5月4日，第1版。

〔3〕 苏力：《当代中国法学教育的挑战与机遇》，载《法学》2006年第2期。

在实践教学课程体系设计中，卓越涉外法治人才培养领导机构要整合法学院校、政府部门以及从事涉外审判、涉外仲裁、涉外律师业务、涉外企业、国际组织等资源，为涉外法治人才培养打通实践教学通道。法学院校组织学生参加国际商事模拟仲裁庭、杰赛普（Jessup）国际法模拟法庭、国际海洋法模拟法庭、WTO 模拟法庭等各类全英文国际模拟法庭竞赛，是卓越涉外法治人才培养实践教学的有效途径。中国政法大学国际法学院形成的“一赛事、一导师、一课堂、一团队”的国际法模拟法庭指导、训练和管理的模式，对于设置模拟法庭竞赛实训课程具有推广价值。〔1〕

传统上中国的法律实践教学后置于理论教学。马克思主义哲学观认为，人类的认知过程应是从具体实践到抽象真理的过程。有学者预测法学教育中将出现实践教学前置于理论教学的趋势。实践前置的育人机制，能够形成从实践中来到实践中去的法治人才培养闭环。〔2〕按照实践—认识—再实践—再认识……的哲学观，基于实践前置理论，在制定卓越涉外法治人才培养方案时，可提前安排学生到涉外法治实务部门见习，让学生对涉外法律事务形成感性认识，法学院校在此基础上传授理论知识，然后再安排学生进行涉外法务实习实践。国家可设专项经费有计划有组织地持续支持学生到国际组织实习实践。

高校在进行卓越涉外法治人才培养时，要有针对性地完善课程设置，形成卓越涉外法治人才培养新课程体系。卓越涉外法治

---

〔1〕 中国政法大学国际法学院：《高层次、复合型、国际化、融通性——国际法学院涉外法治人才培养特色》，载《北京教育（高教）》2022 年第 5 期。

〔2〕 刘坤轮：《走向实践前置：中国法律实践教学的演进趋势》，载《政法论丛》2019 年第 6 期。

人才培养的课程体系应以精品化为追求，以国际化为着力点，注重双语授课。课程体系不仅要包括传统国际法学科所涉及的国际公法、国际私法、国际经济法专业必修课，还要包括国际人权法、国际人道法、国际海洋法、极地法律制度、国际环境法、国际贸易法、WTO 法律制度、海商法、国际投资法、国际知识产权法、国际金融法、国际税法、国际竞争法、数字贸易法、国际民事诉讼与仲裁等专业选修课，以及国际政治、国际关系、法律英语、国际关系、国际金融等支撑课程体系。法学院校可将相关课程以公共必修课或者跨专业选修课的形式纳入涉外法治人才培养方案，形成专业化、体系化、国际化的课程体系。教师要准确理解和把握所教内容的内涵实质及其学科性质特点，有针对性地开展教学。

不同院校应根据自己的特色和比较优势，设置适合于培养类型化涉外法治人才的课程体系，在卓越涉外法治人才培养方面做到精准定位，走差异化路线，改变法治人才培养中“千人一面”的传统，做到人无我有、人有我优、人优我特，形成靶向式培养“千人千面”“专精一面”或“专精一国”的专门精深型涉外法治人才新格局。

（四）协同培养：凝聚卓越涉外法治人才培养新合力

卓越涉外法治人才须精通外语并通晓国际规则。这要求突破现有条块分割的培养模式，打通法学院校和外语院校之间的藩篱。构建跨学院、跨学校的协同培养机制，深化协同形成合力，共同提升学生的外语素养和法律素养。

据《北京市学位委员会关于公布 2021 年度双学士学位复合型人才培养项目及联合学士学位项目名单的通知》，法学 A+的中国政法大学和外语 A+的北京外国语大学联合设置的“法学+英语联合学士学位项目”成功获批。中国政法大学自 2021 年起与北京外国语大学开展了联合培养涉外法治人才法学专业学士学位项目。本科阶段在该校国际法学院学习，其中第二学年集中到北京外国语大学学习。符合两校学位授予标准的，授予联合学士学位。经考核合格的，将获得中国政法大学免试攻读研究生推荐资格，通过推免生接收选拔后，攻读国际法学硕士学位。

法学院校与外语院校的联合培养，开启了卓越涉外法治人才培养校校协同模式。北京外国语大学与中国政法大学曾于 2020 年签署了《涉外法治人才本硕贯通培养合作协议》，就涉外法治人才本硕贯通培养达成一致，全力打造“涉外法治人才培养共同体”，本着“外语+法律”七年贯通培养的思路，以培养“外语法律双精通”的卓越涉外法治人才为目标，探索和创新了本科生研究生贯通培养模式，携手为国家培养卓越涉外法治人才。校校协同模式能够打破法学院校和外语院校的隔阂，突破人才培养中的条块分割之障碍，凝聚卓越涉外法治人才培养新合力，具有可复制性，可在具备条件的高校之间推广。

在协同培养模式下，涉外部门将工作岗位要求与高校充分沟通，专项定制卓越涉外法治人才，并参与到人才培养过程中，通过提供实习实践岗位等形式，让学生提前了解用人单位的实际需求，达到学以致用的效果。为了加强国际化训练，高校还可采取引进外国专家和送出学生并举的措施，同时注重与优质国外法学院建立起合作共赢关系。

结语

卓越涉外法治人才培养，要优化课程体系，补齐知识短板，按照“小、大、新、细”的思路具体展开。所谓“小”，即小班上课，采取精英化的培养模式和培养体系，在精细化培养中提升卓越涉外法治人才的能力与水平；所谓“大”，即格局要大，我们培养的涉外法治人才要具有国际视野、世界眼光；所谓“新”，就是变旧为新，以新机制适应新要求，以卓越涉外法治人才培养新路径应对新挑战；所谓“细”，就是对卓越涉外法治人才进行细分，根据具体领域的特殊需求，培养“专精一面”或“专精一国”的专门精深型涉外法治人才。

为了检视卓越涉外法治人才的培养成效，国家应建立有针对性的评价机制。2020年，中共中央、国务院印发的《深化新时代教育评价改革总体方案》中指出，“系统推进教育评价改革。坚持科学有效，改进结果评价，强化过程评价，探索增值评价，健全综合评价”。卓越涉外法治人才培养效果的评价可从结果评价、过程评价、增值评价和综合评价四个维度展开，重点评价其品德素养、法律素养、外语素养、实践能力四方面内容。构建以结果为导向的人才培养质量检视体系，以卓越涉外法治人才队伍储备以及处理涉外法律实务能力为标准，对卓越涉外法治人才培养效果进行最终评判。

卓越涉外法治人才培养任重而道远，我们要以习近平法治思想为指引，围绕国家的战略需要，践行“为党育人、为国育才”的初心和使命，坚持立德树人、德法兼修，明法笃行、知行合一，深化法学教育教学改革，强化实践教学，以需求为导向，造就大批卓越涉外法治人才，以法律为手段维护国家的主权、安全和利益。

论习近平法治思想研究与教学工作的优化

◎胡　斌

摘　要：习近平法治思想是中国特色社会主义法治思想的集大成，是全面依法治国的根本遵循与指路明灯，只有科学严谨的研究和学习方能充分彰显其伟力。目前学界对于习近平法治思想的研究和教学存在“宽泛化”“同质化”“直白化”“封闭性”等问题，制约习近平法治思想贯彻学习的实效。习近平法治思想是马克思主义法治理论中国化的最新成果，研究与教学均应充分运用马克思主义哲学观、方法论并结合相关法学理论。未来习近平法治思想研究教学应进行如下优化：聚焦习近平法治思想的“独创性”，注重对习近平法治思想进行“教义学转化”，增强习近平法治思想研究教学的“鲜活性”“趣味性”，并以发展的眼光和方法开展习近平法治思想的研究与教学，注重习近平法治思想与课程思政改革的有机融合。

关键词：习近平法治思想；研究教学；独创性；教义学

先进的思想需要科学严谨的研究和热忱的学习领会才能彰显其伟力。习近平法治思想是新时代中国特色社会主义法治思想的集大成，是全面推进依法治国的根本遵循。法学理论研究者、法律实务工作者和法学知识的学习者均应学会运用习近平法治思想武装头脑，而这又有利于学术研究和教学领域进行科学转化。自2020年11月中央全面依法治国工作会议首次提出习近平法治思想以来，在党中央的支持引导下，学术界和教育界自觉掀起了研究和传播习近平法治思想的浪潮，并在短时间内取得了丰硕成果。按照教育部的要求，全国600多家法学院系也已将“习近平法治思想概论”纳入法学专业必修课。[1] 可见，习近平法治思想研究教学工作正在扎实稳步推进，这对于推进习近平法治思想的贯彻落实具有积极意义。在肯定成绩的同时也不难发现当前的研究和教学存在一些误区，制约了习近平法治思想在学术研究和人才培养方面的深入贯彻和落实。本文尝试在分析习近平法治思想研究和教学现状的基础上，剖析当前习近平法治思想研究教学存在的误区，运用马克思主义哲学观和方法论提出优化习近平法治思想研究教学的建议。

一、习近平法治思想研究和教学的进展情况

先进的思想点燃研究和学习的热忱。近年来，法学界与教育

[1] 吴岩：《培养卓越法治师资 推进习近平法治思想纳入高校法治理论教学体系，载《中国大学教学》2021年第6期。

界纷纷自觉投入到习近平法治思想的研究和学习浪潮中，取得了可喜成绩。据不完全统计，仅中国知网上发表的“习近平法治思想”专题研究和讨论已经超过1000篇，从不同角度深入讨论习近平法治思想的相关问题，教学工作也在稳步进行。

（一）习近平法治思想的理论体系初步搭建

为了彰显习近平法治思想“内涵丰富”“系统完备”“逻辑周延”等优势，部分学者注重对习近平法治思想的理论体系进行科学搭建，使思想的宏伟框架更加清晰地展现在公众面前。比如，张文显教授创造性地将习近平法治思想分为法治的基本原理、中国特色社会主义法治的基本理论和全面依法治国的基本观点三大板块，使习近平法治思想的理论体系更加清晰，为学术研究和理论学习提供了新的理论范式。[1] 莫纪宏教授从学科体系、学术体系和话语体系三个层面阐释了习近平法治思想所具有的鲜明“法知识学”特征，为习近平法治思想学术转化提供了重要的分析框架。[2] 姚莉教授指出了习近平法治思想对于建构中国法学的学科体系、学术体系和话语体系的价值。[3] 卓泽渊教授则从全面依法治国的政治方向、重要地位、工作布局、重点任务和重点保障五个方面阐释了习近平法治思想的体系。[4] 上述研究使得习近平法治思想的理论体系以更加学术化的语言和形式得以表达，为习近平法治思想的理论研究和讨论，以及教学工作的展

---

〔1〕 张文显：《习近平法治思想的理论体系》，载《法制与社会发展》2021年第1期。

〔2〕 莫纪宏：《习近平法治思想的法知识学特征分析》，载《求是学刊》2021年第1期

〔3〕 姚莉：《习近平法治思想的创新价值与法学“三大体系”建设》，载《社会科学文摘》2021年第12期。

〔4〕 卓泽渊：《习近平法治思想的理论体系》，载《行政管理改革》2021年第7期。

开奠定了扎实的基础。

（二）习近平法治思想中“重要论断”的解读走向深入

习近平法治思想包含习近平总书记对法治问题的重要论断，如“‘党大还是法大’是一个政治陷阱，是一个伪命题”[1]，“人民是依法治国的主体和力量源泉”[2]，“全面推进依法治国是一个系统工程，是国家治理领域一场广泛而深刻的革命”[3]等，这些论断具有深刻的法理基础和内涵。部分学者聚焦这些重要论断展开研究，丰富了习近平法治思想的内涵和要求。比如，陈柏峰教授深入研究了习近平法治思想中的“党的领导问题”，讨论了坚持党对全面依法治国领导的必然性，如何健全党对全面依法治国的全方位领导、正确处理好党的政策和法律关系等重大理论问题。[4]江必新教授系统阐释了习近平法治思想中的法治中国问题，指出法治中国理论既是习近平法治思想的独特创造，也是中国特色社会主义法治建设的目标，进一步指出习近平法治思想是法治中国建设的指导思想。[5]喻中教授深刻解读了习近平法治思想中民主与专政的法理关系，并认为习近平法治思想中关于民主与专政关系的核心观点主要包括：民主与专政都要讲，两者不可偏废；民主要扩大，专政要强化；要强化专政，必须敢于斗

[1] 中共中央文献研究室编：《习近平关于社会主义政治建设论述摘编》，中央文献出版社2017年版，第98页。

[2] 习近平：《论坚持全面依法治国》，中央文献出版社2020年版，第255页。

[3] 习近平：《论坚持全面依法治国》，中央文献出版社2020年版，第118页。

[4] 陈柏峰：《习近平法治思想中的“党的领导”理论》，载《法商研究》2021年第3期。

[5] 江必新：《习近平法治思想与法治中国建设》，载《环球法律评论》2021年第3期。

争。[1] 上述学者的研究使得习近平法治思想的重要论断更加深刻和饱满，有助于学习者更加全面地理解和领会习近平法治思想。

（三）习近平法治思想概论成为法学专业必修课

用习近平法治思想武装法治人才头脑，是培养新时代法治人才的必由之路。作为法治人才培养主阵地和法学理论研究基本力量的法学高等院校，在学习宣传习近平法治思想、研究阐释习近平法治思想方面具有特殊的地位，[2] 应当发挥关键作用。基于这一认识，2021 年 5 月 19 日，教育部专门印发了《关于推进习近平法治思想纳入高校法治理论教学体系的通知》，指导各地各高校全面推进习近平法治思想学习教育工作。该《通知》要求，根据新修订的《法学类教学质量国家标准（2021 年版）》，所有法学本科专业在 2021 年秋季学期开设“习近平法治思想概论”专门课程。为了给授课教师和同学提供权威的参考，张文显教授领衔组织编写了全国第一本专业教材——《习近平法治思想概论》。该教材分为三编：第一编阐述习近平法治思想的重大意义，包括政治意义、理论意义、实践意义和世界意义；第二编阐述习近平法治思想的基本精神和核心要义；第三编阐述习近平法治思想的科学方法，展示其正确认识和处理全面依法治国一系列重大科学方法论。[3] 该《概论》是陈述和阐释习近平法治思想的学

[1] 喻中：《习近平法治思想中的民主与专政关系》，载《东方法学》2021 年第 4 期。

[2] 吴岩：《培养卓越法治师资 推进习近平法治思想纳入高校法治理论教学体系》，载《中国大学教学》2021 年第 6 期。

[3] 《习近平法治思想概论》编写组：《习近平法治思想概论》，高等教育出版社 2021 年版，第 7 页。

术文本，[1] 是教师授课、学生学习习近平法治思想的重要参考。截至目前全国600多家法学院系均已开设了“习近平法治思想概论”专门课程，成为传播习近平法治思想的重要阵地。

二、习近平法治思想研究与教学中存在的问题

研究与教学是推动习近平法治思想贯彻落实的前沿阵地和重要力量。如前所述，习近平法治思想的研究和教学工作在不断推进。但梳理已有研究成果、调研教学实践可知，部分研究和教学工作存在“宽泛化”“同质化”“直白化”“封闭性”以及与课程思政融合不足等问题，制约进一步提高习近平法治思想研究和教学的质量。

（一）研究与教学的“宽泛化”

作为“逻辑周延”“系统完备”的思想体系，习近平法治思想具有独特的内涵和外延。但部分学者或者教师存在将习近平法治思想外延过分扩展的倾向，即将习近平总书记提到的关于“法律”“法治”的说法都“牵强附会”地纳入习近平法治思想的范畴。这种做法虽能够保证周全，但存在折损习近平法治思想独特魅力的风险：不仅使习近平法治思想的系统性、创新性和统领性打折扣，而且给学习和研究造成困难。习近平法治思想的伟力和魅力在于其对以往法治理论的扬弃、发展和创新，因此这种“宽泛化”倾向需要警惕。正如有学者指出，离开了对习近平法治思想最本质特征的考察，就无法有效地理解习近平法治思想区别于古今中外各种各样的法治理念、学说的根本理论价值，也就无法

---

〔1〕 张文显：《如何讲好〈习近平法治思想概论〉》，载《中国大学教学》2021年第9期。

理解习近平法治思想中的法治内涵之独特的时代特征和中国特色。[1]

（二）研究与教学的"同质化"

习近平法治思想具有内涵丰富、论述深刻的特征，需要研究者和教育工作者深入研究和学习，确保习近平法治思想的丰富内涵得以呈现，并且以学术化和原理化的方式表达。但通过梳理已有研究成果，调研教学实践可知，当前研究和教学在内容上存在"同质化"的问题，创新性和深度有待加强。具体体现在以下几点：

第一，学者们大都停留在按照一定逻辑体系或结构对习近平总书记关于法治的论述进行分类整理层面，导致内容相对同质化。这种研究路径在初期是必要的，有助于学习者形成对习近平法治思想的总体把握，并搭建学者之间沟通对话的平台。但是从运用习近平法治思想武装头脑、推动现代法治建设的角度，研究者不能仅满足于逻辑体系的搭建，否则便无法展现习近平法治思想的丰富内涵和实践伟力。另外，学术研究应有一定的"争鸣性"，通过不同观点的对比，从而使习近平法治思想的真理性得以彰显。第二，学术化表达不充分，与官方的解读具有同质化倾向。习近平法治思想中的重要论断蕴含深厚的哲理需要解读，但部分学者只是将这些论断作为自己观点的"论据"，而没有当作公理去解读。这种做法可能会导致习近平法治思想的研究和学习往往流于表面，无法充分发挥习近平法治思想的引领和启迪作用。习近平总书记曾明确指出："我们要做中国学术的创造者、

---

〔1〕 莫纪宏：《论习近平法治思想的内在理论逻辑》，载《广东社会科学》2021年第3期。

世界学术的贡献者”。[1] 习近平法治思想的学术化表达恰恰是创造“中国学术”，贡献“世界学术”的重要资源宝库。因而避免“同质化”研究，将习近平法治思想研究引向深入是学者和教育者的重要使命。学者们在学术研究与教学方面表现的同质化本质上是部分学者忽视了习近平法治思想作为学术资源宝库的价值。

（三）研究与教学的“直白化”

习近平法治思想具有内涵深刻、生动鲜活的特点。习近平总书记善于用生动、易懂的语言来阐释深刻的法治命题。[2] 因而对于习近平法治思想的研究和教学应当注重对其中重要论断和阐述进行深刻的解读。然而，通过梳理可知，目前部分研究和教学的内容仅满足于对习近平总书记关于法治论述的“旁征博引”和简单介绍，虽然忠实于“原著”，但显得缺乏鲜活性和深度。特别是教学上，会显得较为枯燥。这种“直白化”的表达不符合习近平法治思想所具有的鲜明的实践性特点。正如学者所言，习近平法治思想是根源于实践、运用于实践、在实践中经受检验、在实践中创新发展的法治理论，是理论和实践相结合的范例。[3] 习近平法治思想的实践性要求研究者在深刻领会思想内核的基础上，能够结合中国的法治实践和法治问题展开深入的研究和探讨。相反，如果只是满足于总结习近平总书记的法治论断，不用心加工和打磨，很难熬出色香味俱佳的“思想营养大餐”。

---

〔1〕 习近平：《全面做好法治人才培养工作》，载《论坚持全面依法治国》，中央文献出版社 2020 年版，第 176 页。

〔2〕 姚莉：《习近平法治思想的创新价值与法学“三大体系”建设》，载《社会科学文摘》2021 年第 12 期。

〔3〕 张文显：《如何讲好〈习近平法治思想概论〉》，载《中国大学教学》2021 年第 9 期。

（四）研究与教学的“封闭性”

习近平法治思想具有鲜明的发展性，集中体现在创造性地丰富和发展了马克思主义法治理论体系，[1] 并对西方法治理念和思想进行系统扬弃。习近平法治思想的发展性还体现在该思想体系具有开放性，即习近平法治思想不是一成不变的理论，而是会在中国法治实践中不断淬炼、不断丰富、不断前进的理论体系，这也是习近平法治思想的生命力所在。马克思主义要求以发展的眼光看问题和解决问题，这对于具备与时俱进特点的习近平法治思想同样适用。但当前的研究教学工作略显“保守”和“封闭”。一方面，对于习近平法治思想的解读常放在恒定的时空之内，没有以发展的眼光看待，容易犯教条主义错误。另一方面，在尊重习近平法治思想原意和精神基础上，对一些论断和方法进行创新和发展的勇气和魄力稍显不足，无法彰显习近平法治思想的伟大创造力和生命力。习近平法治思想研究教学的“封闭性”与习近平法治思想的“发展性”“开放性”不契合，有必要进行矫正。

（五）课程思政与习近平法治思想的融合度不足

“课程思政”是新时代传统专业课程改革的重要方向和教育理念，其强调挖掘专业课程的思政元素，将“育智”与“育人”有机融合。近年来，法学专业也在稳步推进课程思政教学改革。总体来看，当前高校开展的法学专业课程思政的教学未能与习近平法治思想教学进行有效融合。具体表现为：第一，部分学校只注重通过开设专门课程的方式开展习近平法治思想的教育教学，未要求将习近平法治思想教育融入专业课程教学之中。第二，部

---

[1] 孙谦：《习近平法治思想对马克思主义法治原理的传承与发展》，载《法学研究》2021 年第 4 期。

分学校专业课程中虽然有尝试引入习近平法治思想的内容，但课程内容相对机械，只是提到了习近平总书记关于法治阐释的一些经典语录，并没有进行深入解读，也没有与本专业知识进行有效融合，导致课程内容存在不同程度的脱节。作为内涵丰富、体系完备的思想体系，习近平法治思想的教学既需要专门开设课程进行系统阐释，也需要在具体的专业课程教学中积极引入，两条腿走路，双管齐下才能更好地提升法学教育的水平。

三、优化习近平法治思想研究与教学工作的建议

习近平法治思想是马克思主义法治理论的继承与发展，是对人类法治理论与学说的扬弃，是中国特色社会主义法治体系的集大成。因而习近平法治思想的研究和教学既要运用马克思主义哲学观和方法论，又要遵循法学研究与教学的基本规律。针对当前部分研究教学工作中存在的误区，有必要进行适当优化。

（一）聚焦习近平法治思想的“独创性”

正如学者所言，习近平总书记提出了一系列具有原创性、独创性和集成性意义的全面依法治国新理念、新思想、新战略，创立了习近平法治思想，[1] 因而独创性是习近平法治思想的重要特点和优势。当前研究与教学中存在的“宽泛化”问题，究其原因在于研究者忽视了习近平法治思想的“独创性”。

马克思主义的宝贵品质在于“具体问题具体分析”“实事求是”。因而挖掘习近平法治思想中最本真的内容是研究者的使命，也才能更好地彰显习近平法治思想的魅力和气派。故厘清真正的

---

[1] 王晨：《习近平法治思想是马克思主义法治理论中国化的新发展新飞跃》，载《新华文摘》2021年第21期。

习近平法治思想是研究者和教育者的首要任务。基本标准应是：习近平总书记对已有法治理论的扬弃；对法治问题的独特见解；对已有法治问题的创新性提法和新方法等。基于此，习近平总书记关于法治与治国理政的关系、法治与国家兴亡的关系、政治与法治的关系、党大还是法大是伪命题的判断、依法治国与依规治党的关系等是习近平法治思想中的瑰宝。学术研究和教学应聚焦习近平法治思想的独创性，运用比较的方法、实事求是的态度，抓住习近平法治思想的本体、真体，以使习近平法治思想光辉得以绽放。挖掘习近平法治思想的独创性，还需要科学阐明习近平法治思想与古今中外法治思想和学说之间的本质差别，彰显思想的理论品格和中国风采。

（二）注重习近平法治思想的“教义学转化”

习近平法治思想的主要载体是习近平总书记关于法治的重要论断。由于这些论断具有原理性，欲实现与理论研究和教学的衔接，需要进行教义学转化。具体而言，学者或教育者应加强对这些重要论断的法理解读和阐释。就像解读马克思主义经典论断一样，综合运用历史、哲学、比较和法理学的方法，对习近平总书记关于法治重要论断的提出背景、规范内涵、规范意义及如何适用等进行系统解读，使习近平法治思想转化为理论研究和实务工作的科学“教义”。学者们应以“六经注我”的精神对习近平法治思想进行“评注”。

同时，还应当注重习近平法治思想的学术化表达，使其成为研究和教学的科学原理。欲实现习近平法治思想的学术化表达，则应注重以下几点：第一，习近平总书记关于全面依法治国的各项重要论述都需要在习近平法治思想的理论中得到科学合理的学术安排。第二，在习近平新时代中国特色社会主义思想的理论体系中科学认识习近平法治思想的理论地位，妥善处理习近平法治思想。[1] 第三，研究与教学工作应当注重习近平法治思想学科体系、学术体系和话语体系的转化与搭建。

（三）增强习近平法治思想研究教学的“鲜活性”“趣味性”

习近平法治思想具有鲜明的实践性特点，是对全面依法治国鲜活法治经验的深刻总结。[2] 因而习近平法治思想的研究教学应当注重“鲜活性”“趣味性”的表达。

一方面，为使习近平法治思想研究教学更加鲜活，应注重搜集和加工整理与习近平法治思想相契合的典型案例和精彩故事，作为支撑重要法治论断或者辅助理解思想的素材。习近平法治思想的阐释还应当注重形式的创新，以受众喜闻乐见、内涵式的方式提高学习者的积极性。特别是教学中应坚持严肃与活泼相结合原则，以生动有趣的故事或形式，传递深刻的经验和道理。

另一方面，习近平法治思想是对中华优秀传统法律文化和红色法治文化的继承和发展，因而习近平法治思想的研究和解读亦需要总结和挖掘传统法律文化和红色法治文化中鲜活的实践经验和案例，做到习近平法治思想与中国法治实践的有机结合。而在教学工作中应将习近平法治思想有机融入自己承担的专业课内容中，做好课程思政建设，润物无声地给学生以智慧启迪和精神力量。

---

〔1〕 莫纪宏：《习近平法治思想“十一个坚持”的法理逻辑结构与功能透析》，载《新疆师范大学学报（哲学社会科学版）》2022年第2期。

〔2〕 王晨：《习近平法治思想是马克思主义法治理论中国化的新发展新飞跃》，载《新华文摘》2021年第21期。

（四）习近平法治思想研究与教学应坚持“发展论”

习近平法治思想是科学法治观和方法论的统一，其本身具有开放性和发展性。正如有学者指出，习近平法治思想是不断发展的开放的体系，联结着历史、述说着当下又牵系着未来，[1] 因而应以发展的眼光、开放的态度展开对习近平法治思想的研究解读。第一，习近平法治思想的内涵是不断深化和发展的，需要研究者在马克思主义指导下，深入挖掘以发现“新知识”。第二，在尊重习近平法治思想基本精神的前提下，对习近平总书记提出的法治论断进行法理性解读，赋予其更鲜活的生命力和穿透力。第三，注重运用习近平法治思想解释最新的法治实践，并结合最新的法治实践，丰富和发展习近平法治思想的内涵和要求。以发展的眼光和方法研究和解读习近平法治思想可使其永葆活力。

（五）实现习近平法治思想与法学专业课程思政有机融合

课程思政也应当成为习近平法治思想教学的重要阵地，因而有必要将习近平法治思想融入法学专业课程思政之中。具体而言，第一，习近平法治思想应成为法学专业课程思政教学的指导思想。习近平法治思想具有先进性和引领性，将习近平法治思想作为法学专业课程思政教学的指导思想可以确保法学专业教学的政治方向，并切实提高法学专业教学的质量。第二，法学专业教师应当加强习近平法治思想的研究和学习，深刻领会习近平法治思想的深刻内涵和要义，从而为课程中引入习近平法治思想奠定基础。第三，应注重价值引领和知识传授的有机统一。法学专业教师应挖掘专业课程与习近平法治思想的结合点，在培养方案中

---

〔1〕 张文显：《如何讲好〈习近平法治思想概论〉》，载《中国大学教学》2021年第9期。

对习近平法治思想与专业课程内容之间的有机联系和融合进行细化。通过习近平法治思想的引入，提升专业课程内容的深度和高度。[1] 第四，注重习近平法治思想与专业课程之间的相互诠释。作为先进的思想，习近平法治思想可以为专业课程的讲解提供理论基础和价值指引，而专业课程的知识又可以为习近平法治思想的内容提供鲜活的例证，因而法学专业教师在进行课程思政教学时应注重习近平法治思想与专业课程内容之间相互诠释。一方面，用习近平法治思想的核心要义，为法学课程内容提供注解，增加专业课程的深度，另一方面，用具体的课程内容帮助学生更好地理解习近平法治思想。习近平法治思想具有高度概括性和抽象性，因而法学专业学生对于其深刻含义的理解存在一定困难。法学专业教师用专业课程中的内容作为例子对习近平法治思想的内涵进行解读，能够帮助学生更好地理解习近平法治思想的相关内容。

四、结语

习近平法治思想作为马克思主义法治理论中国化的最新成果，是全面依法治国理论的集大成，是未来中国法治建设和发展的指导思想。马克思主义中国化的精髓在于“两个相结合”，即“马克思主义基本原理同中国具体实际相结合、同中华优秀传统文化相结合”。习近平法治思想是“两个结合”的典范，因而习近平法治思想的研究和教学应当注重马克思主义方法论与现代法学方法论的有机结合，把中国法治实践与中华传统文化相结合，

---

〔1〕 陈华栋、苏镠镠：《课程思政教育内容设计要在六个方面下功夫》，载《中国高等教育》2019年第23期。

挖掘出习近平法治思想中的独创性内容，实现习近平法治思想的教义学转化，提升习近平法治思想的鲜活性，并且注重发展习近平法治思想，使习近平法治思想既彰显中国特色，又与时俱进。而从更好地推进课程思政建设角度，应当注重将法学专业课程思政与习近平法治思想进行有效融合。

新时代涉外法治人才培养的治理逻辑与协同面向*

◎何静秋**

摘　要： 涉外法治人才是我国推进涉外法治建设、推动和引领全球治理的先导力量和基础工程。新时代涉外法治人才培养是我国高等教育领域的一项紧迫课题，也是我国持续践行的一项重大战略。然而，国际协同模式单一导致协同的深度和广度不足，课程设置与国际法律实务脱节严重致使实践教学缺乏实质性，教学过程中院系割据影响学生复合型知识结构的构成等弊端已成为掣肘高质量法治人才培养的瓶颈。应当秉承协同育人的理念，以高校为主体，构建以“国际协同”“校地（企）

* 本文为陕西省教育厅高等教育教学改革研究项目“西部高校卓越涉外法治人才培养体系研究与实践”阶段性成果（项目编号：23BY091）。

** 何静秋，西北政法大学外语学院法律语言研究所所长，硕士研究生导师；主要研究领域为法律语言学、法律翻译和法律英语教育。

协同”“校内协同”三个维度为支撑的涉外法治人才协同培养机制：深化国际协同，拓展与海外院校合作的层次和途径；开拓校地（企）协同，注重涉外法律实践能力的实质化培养；加强校内协同，培养综合性思维和复合型知识结构。

关键词： 涉外法治人才；国际协同；校地（企）协同；校内协同

一、引言

改革开放40余年的光辉历程托举了中华民族伟大复兴的中国梦。后疫情时代，世界正处于百年未有之大变局，中国也日益走近了国际舞台的中央。随着国家、法人、公民涉外因素的增多，我国迫切需要一批国际化、复合型、高素质的涉外法治人才来处理涉外法律事务，参与国际规则制定，推进我国法域外适用的法律体系建设，参与、推动和引领全球治理。

以习近平同志为核心的党中央一直重视涉外法律服务工作与涉外法治人才的培养。2014 年 10 月，党的十八届四中全会通过了《中共中央关于全面推进依法治国若干重大问题的决定》，第一次明确提出“加强涉外法律工作”。在党中央思想的引领下，2018 年 9 月，教育部、中央政法委发布了《关于坚持德法兼修实施卓越法治人才教育培养计划 2.0 的意见》（以下简称《2.0 意见》），其中第七点将“促开放，构建涉外法治人才培养新格局”作为八项重要改革任务之一，掷地有声地提出“培养一批具有国际视野、通晓国际规则，能够参与国际法律事务、善于维护国家利益、勇于推动全球治理规则变革的高层次涉外法治人才”。2021 年 2 月，教育部学位管理与研究生教育司、司法部律师工作局联合发布了《关于实施法律硕士专业学位（涉外律师）研究生培养项目的通知》（教研司〔2021〕1号），公示了我国实施法律硕士专业学位（涉外律师）研究生培养项目的15所高校，全面推进涉外法治人才培养的伟大工程。2023年11月，习近平总书记在主持中共中央政治局第十次集体学习时再次强调了涉外法治工作的重要性和紧迫性，呼吁建设同高质量发展、高水平开放要求相适应的涉外法治体系和能力，为中国式现代化行稳致远营造有利法治条件和外部环境。

教育部、司法部等部委密集发布的相关文件表明我国已将涉外法治人才培养上升到了国家战略的高度，实施涉外法治人才培养的"供给侧改革"，推进涉外法治人才培养已经刻不容缓，尤其是作为人才培养重镇的高等院校重任在肩。

二、我国涉外法治人才培养的现实困境

目前，我国普通高校设置法学本科专业的已达600余所，法学教育在一定程度上已经实现了教育的大众化，具备培养法学人才的基本条件，但法学教育的大众化不可避免地带来一个后果，那就是法律人才的大众化与平庸化。〔1〕

涉外法治人才培养属于精英化培养，但绝大多数院校将目光局限在国内法律人才的培养上，并未把培养涉外法律人才列为法学教育的主要目标。改革开放以来，虽然我国在涉外法治人才培养方面一直在积极地探索和实践，但囿于涉外法治人才基础要求高、培养周期长、人才成长呈阶段性等特点，我国涉外法治人才

〔1〕 郭天武、严林雅：《法学一流学科建设及其人才培养模式探析》，载《高教探索》2018年第12期。

培养还存在明显不足，离学贯中西的人才培养目标尚有较大差距。

第一，国际协同模式单一，协同的地域和层次有限，协同的深度和广度不够。当前大部分高校法学院采取的国际协同主要是非学位型协同，包括课程型协同，比如学院邀请国外知名专家学者向学生提供可获学分的专业课程、专题讲座、学术沙龙等，也有交流型协同，比如学生参加国外高校的双向交换或单向派出项目，在国外进行短期或长期的学习。比较而言，开展学位型协同的高校数量较少。就地域分布而言，集中在经济较发达地区办学层次较高的院校，多数院校的条件还不成熟。就协作对象而言，以英、美两国为主，与大陆法系国家以及“一带一路”沿线国家的合作有限。就办学层次而言，主要为本科和硕士层次，博士层次的国际协同项目严重短缺。

第二，课程设置与国际法律实务脱节严重，实践教学形式化有余而实质化不足。首先，许多高校对涉外法治人才的国际需求及其变化把握不及时，课程设置不能真正满足国际市场的需要，缺乏多元化和趣味性，甚至有“依师而设”的现象。其次，实务型导师缺乏，绝大部分授课教师既缺乏涉外实务经验又缺乏与实务界交流的平台和机会，在讲授实践性内容时“有心无力”、效果不佳。最后，我国现有的实践教学往往停留在浅层，虽然采用案例教学法、法律诊所等方式，但仅仅是在理论教学中穿插具体个案的简单分析，又或者是无法实现个人高度参与的法律实践，学生在涉外法律机构的实习和实践经验、参加国际模拟法庭竞赛的机会匮乏。

第三，培养过程中院系割据，各自为阵，学生知识结构的复合性欠缺。大多数高校将涉外法治人才的培养任务归属到法学院，导致在课程设置和教学安排上缺乏院系之间的深度融合，非法学专业的教师仅仅承担部分课程，而无法深度参与到涉外法治人才的培养的决策之中。同时，在法学院内部，具有多元学科背景的教师极其缺乏，教学内容的开放性特征对单师授课的教学模式提出了严峻的挑战，加上学校行政部门的协调能力不足，导致一些难度较大的跨学科课程的开设缺乏稳定性，且教学效果欠佳。

三、涉外法治人才培养的治理逻辑

德国赫尔曼·哈肯于1977年创立了协同学，其核心思想是"协同效应"，简而言之，就是"1+1>2"的效应。该理论认为，协同过程中事件各方以不同方式寻找优于其个人观点的解决方案，将对抗性互动转化为共享的信息和解决方案，使所有参与其中的人都能确保其利益得到体现。[1]"协同"意为互相配合、协调合作，即多人相互配合共同完成一项任务，这是实现共同目标、挑战复杂环境的一种有效工作方式。[2]"协同"具有两个核心因素，一是"整合"，即知识、资源、行动的彼此衔接和优化配置，群体发展的水平与绩效不是个体的简单相加，而是超越了个体活动的总和；二是"互动"，即指各参与主体之间以及参与主体与物理环境与社会文化环境的各种资源之间彼此依赖、相互

〔1〕 B. Gray, *Collaborating: Finding Common Ground for Multiparty Problems*, San Francisco: Jossey-Bass, 1989, p. 7.

〔2〕 T. Santangelo, "Collaborative Problem Solving Effectively Implemented, but Not Sustained: A Case for Aligning the Sun, the Moon and the Stars", *Exceptional Children*, 75 (2009), pp. 185-209.

作用的过程。

涉外法治人才的培养不是某一类群体的任务，而是由具有共同目标的多个群体组成的共同体所承担的使命。2021 年 2 月，教育部学位管理与研究生教育司、司法部律师工作局联合发布的《关于实施法律硕士专业学位（涉外律师）研究生培养项目的通知》中的第四点就是“深协同，破除培养机制壁垒”，体现了国家层面将协同理念作为涉外法治人才培养的重要理据。高校作为涉外法治人才培养的主要阵地，在师资队伍、教学资源、学生发展、质量体系、国际化建设等方面都起着决定性作用，可以最大限度地整合资源，打造“涉外法治人才培养共同体”。

在宏观维度，涉外法治人才培养的基本要求之一是国际视野。因此，应当充分利用国内、国际两种教育资源，以国际协同为抓手，实现涉外法治人才培养的国际交融和互动。《2.0 意见》中提出了“进一步拓宽与国际高水平大学和国际组织合作交流渠道，深化与国际高水平大学学分互认、教师互换、学生互派、课程互通等实质性合作”的路径。涉外法治人才合作的领域也不应仅限于部分西方国家，而应从全球市场普遍需求的角度来扩大国际合作与交流的覆盖面。《推进共建“一带一路”教育行动》，提出“要开展我国与‘一带一路’沿线各国间的教育互联互通合作，实施‘丝绸之路’合作办学推进计划，逐步疏通教育合作交流政策性瓶颈，协力推进教育共同体建设”。

在中观维度，理论知识是稳定的，是从业资格的基础，而专业实践是多变的，是理论知识指向的终极目的。《2.0 意见》中的第三点为“重实践，强化法学教育之要”，强调了法学教育的实践属性。涉外法律实践能力一方面通过课堂内的实验、实训课程得以培养，另一方面通过专业实习、创新创业实践、社会实践得以发展。应加强校地（企）协同，打通高校、政府、企业、科研资源的屏障，切实发挥政府部门、法院、检察院、律所和企事业单位中涉外部门的作用，通过产、学、研、用的良性互动模式催生出涉外实践能力培养的创新范式。

在微观维度，每一个学科都有其独特的资源，需要将各类学科资源进行有效而充分地整合，方能发挥出学科的创新价值。同时，学科的整合离开不师资的整合，具备不同学科背景、兴趣和经验的教师组成的“教师共同体”，形成共同的目标、规范、凝聚力，既有助于教师个体的专业成长，更有助于学生复合型知识结构的形成。《2.0 意见》中的第二点为“强专业，筑牢法学教育之本”，鼓励高校组建跨专业、跨学科、跨学院教学团队，整合教学资源，积极探索新型教学模式。除教学单位协同外，涉外法治教育也离不开行政部门、教辅部门的配合，因此，行政部门、教辅部门与教学部门之间的协同也是校内协同的应有之义。

四、涉外法治人才协同培养机制构建

涉外法治人才培养是一个综合性、多维度的系统工程，必须在习近平法治思想的指引下，坚持“德法兼修”的育人导向，秉承“协同育人”的教学理念，以高校为主体，结合涉外法治人才的涉外因素和实践性要求，从宏观、中观和微观层面构建“国际协同”“校地（企）协同”“校内协同”相互支撑的“三位一体”涉外法治人才协同培养机制。在具体实施中尊重规律，科学设计，精准施策，从而培养学生统揽全局、融会贯通、分析缜密的涉外法治思维和实践能力。[1]

（一）深化国际协同，拓展与海外院校合作的层次和途径

1. 创新课程型协同模式

课程是大学国际化的重要载体，课程国际化不仅包含外语训练和国际区域研究学科的发展过程，还包含将全球视野引入一般学科的“学科普遍化”过程。[2]在涉外法学教育中引进国际教师参与课程的设置与讲授尤为重要。课程型协同比较灵活、易于操作，经费投入较小，学生无需离开熟悉的环境，受益面大，是当前各大高校普遍采用的国际化模式。具体而言，课程型协同有以下三种途径：

一是邀请国外合作院校教师以教学单位为基础进行部分课程的学分式授课。该模式主要以校际、院际合作方式推进，由国内院校根据教学计划建议开设课程，然后国外合作方决定人选，进而形成固定课程。在课程内容方面，除了法学专业课程外，还可以加入一些国际化程度高的公共课程，比如时事政治、国际经济地理、国际政治、国际关系、国际经济学、外交学、国际传媒等。

二是邀请国外知名学者和国外法律实践工作者以个人身份来国内院校进行短期或长期的访学，在访学期间独立或与本校教师合作，向学生提供可获学分的专业课程；也可以开展专题讲座、

---

〔1〕 何燕华：《新时代我国高校涉外法治人才培养机制创新》，载《中南民族大学学报（人文社会科学版）》2023年第7期。

〔2〕 M. Harari, *Internationalization of the Curriculum*, In C. B. E. Klasek (ed.), Bridges to the Future: Strategies For Internationalizing Higher Education, Durham: Association of International Education Administrators, 1992, pp. 52-79.

工作坊、学术沙龙等短期教学活动。[1]课程的内容和形式可能遵循既定课程设置，也可能基于访问学者个人研究意向。由于访问学者的流动性大，该协作模式十分灵活，难以形成长期、稳定的协作。基于上述特点，有必要拓宽合作的区域范围，除欧美国家外，增加与“一带一路”沿线国家知名学者和法律实践人员的课程合作。

三是与国外高校共享优质的线上教学资源。2020年暴发的新冠肺炎疫情使教育水平领先国家的高校网络课程迎来了爆发式发展，美国斯坦福大学、哈佛大学、哥伦比亚大学等高校纷纷在Coursera、Edx、Udacity、Saylor等平台上共享了丰富的高等教育资源。[2]这些极具吸引力的课程资源为国内学生提供了便捷的学习平台，学生在线选修的课程可以转换成相应线下课程的学分。国内高校或法学院可以整合自己的优质课程，组建或参与区域性或世界性的（法学）慕课联盟，以此与境外先进的线上教学资源达成交换和共享。这种模式的学习门槛与学习成本最低，惠及面和选择面最广，完全可以发展为后疫情时代的常态化教学模式，拓展课程型协同的广度和深度。

2. 优化交流型协同模式

交流型协同是指国内学生单独或集体参加国外高校的双向交换或单向派出项目，学习结束后采取学分制的方式转化为国内学校认可的学分或成绩，获得国外合作大学的学历证明或者课程认证或者短期培训证书，学生在此期间有机会参观访学国家的政府

[1] 杨晓楠：《国际合作办学模式梳理与探索①——以“卓越法律人才培养”为视角》，载《现代教育管理》2015年第1期。

[2] 秦蕾、胡荣林：《技术趋向与社会需要：中美高校在线教育的比较研究》，载《黑龙江高教研究》2021年第2期。

机构和法律组织。该模式在我国推行时间较长，有较成型的管理经验，是法学院校开展境外学习最常见的方式。国内各高校法学院，比如清华大学法学院、北京大学法学院、中国人民大学法学院等一直在积极推动与美洲、欧洲、澳洲、亚洲等高校法学院或金融学院的交流项目，与百余所世界知名大学和机构建立了战略伙伴关系。

交流型协同项目可采取暑假或寒假、三至四个月的短期形式，也可采取一个学期或一个学年的中长期形式。项目申请者通常是高年级本科生、在读硕士生和在读博士生，一般需要经过专业知识和目标国语言的考核。由于校际交流项目强调对等交换，即学校层次对等，交换生名额对等，因此申请名额比较有限。上述项目大都免学费，国家留学基金委员会以及其他基金项目也为优秀学生提供必要的资金支持。比如，亚美研究所（US-Asia Institute）自 2008 年以来资助中国部分高层次法学院学生前往美国进行访学交流；而对于一些与海外高校校际合作条件不足的国内院校，美国的海外学习基金会（SAF）则可以为这些院校的学生提供到国外知名法学院校进行学习、交流的机会，同时也提供部分学费减免的机会，该组织在亚洲地区的会员院校达 125 所，在欧美地区的会员院校有 69 所。[1]

欧盟发起的“伊拉斯谟强化项目（Erasmus Intensive Programme）”为法学院学生提供了一种新颖的国际交流模式。该项目不是针对个人的交流计划，而是涵盖了至少三个欧盟国家的交流项目，每期通常有五至七个欧盟国家的学生参加，他们汇聚在

〔1〕 参见海外学习基金会官网：http：//china. studyabroadfoundation. org/，最后访问日期：2023 年 12 月 30 日。

其中一个主办国开展二至六周的交流学习。该项目为学生提供几乎所有的教学、住宿和生活开销；学生在参加项目之前的几周或者几个月里就要接受主办国高校教师开设的相关主题的在线课程学习，并且要以英语为工作语言完成两篇指定主题（比如刑法、移民法、民商法等）的论文写作，一篇由同一国籍学生在本国环境中合作完成，另一篇由每个学生独立完成，所有论文上传Blackboard，每位学生下载其他所有学生的论文仔细研读；待学生在主办国高校汇合后，分组进行课程学习和讨论（每组涵盖所有国籍的学生），每组配备一个教师团队；学生的最终考核指标包括学习报告、论文、口头陈述和模拟法庭。[1]

与上述交流模式相似的还有“暑期法学院项目（Summer Law Institute）”。该项目由加州大学伯克利分校的文化与认知实验室与全球几所法学院合办，学生分别来自美国的康奈尔大学法学院和太平洋大学麦克乔治法学院、德国的汉堡法学院、意大利的米兰大学法学院以及中国的清华大学法学院和苏州大学王健法学院。美、德、意、中四国学生共同参与为期三周的课程。该项目的课程均以问题为导向，将学生分组，每组涵盖所有国籍的学生，他们在国际商务谈判、撰写法律文本、处理客户关系等方面开展团队合作与竞争，在课程学习的同时也深刻感受了不同国家的法律制度和法律文化。[2]

这种多国籍交流模式在有限的时间里拓展了学生的国际视

---

〔1〕 J. Guth& T. Hervey, “Threats to Internationalized Legal Education in the Twenty-first century UK”, *The Law Teacher*, 52 (2018) pp. 350-370.

〔2〕 F. Wang & L. Young. *Asian Culture Meets Western Law, the Collective Confronts the Individual: The Necessity and Challenges of a Cross-cultural Legal Education*, In A. Harding, J. Hu & Maartje de Visser (eds.), Legal Education in Asia: From Imitation to Innovation, Leiden: Brill Nijhoff, 2018, pp. 18-41.

野，更有效地提高了其参与国际合作的专业素养和领导力，这对中国法学院在优化国际交流项目方面提供了借鉴，比如可以举办由不同法系国家参与的多国交流项目、“丝绸之路”涉外法学教育联盟项目等。

3. 提升学位型协同模式

要培养高素质的涉外法治人才，本科四年的教育显然是不足够的，需要引进高质量的合作办学项目，为优秀学生创造出国或在国内继续深造的通道。学位型协同模式是指学生通过在国（内）外高校进行系统的全日制学习，获得国（内）外高校相应的学历和学位认可。学位型协同模式主要有以下两种：一种是中外合作办学项目，另一种是中外合作办学机构。

首先，中外合作办学项目具有较稳定的合作关系，合作采取优惠或者减免学费方式，对合作院校的教学和管理负担不重，尤其对于非豁免学费的校际合作而言，国外高校也可以通过这一方式获得经济利益同时扩大国际影响，因此这是我国高校当前国际合作办学最主要的方式。[1] 海内外双方院校共同商讨教育模式，保证学生在国内或国外学习的内容能够合理衔接，而不因教育方法、培养方案的差异致使教学知识脱节。可以根据本校具体情况采取“国内培养年限+国外培养年限”为“3+1”“3+1+1”“3+2”“2+2”“1+3”以及“4+2”等“本硕连读”或“国内与国外双硕士学位”的多重模式。[2] 比如，华东政法大学与威斯康星法学院的联培项目开始于2000年初，每年12个学生在威斯康星

〔1〕 杨晓楠：《国际合作办学模式梳理与探索①——以“卓越法律人才培养”为视角》，载《现代教育管理》2015年第1期。

〔2〕 张法连、李文龙：《我国涉外法治专业人才培养体系构建研究》，载《语言与法律研究》2019年第1期。

法学院学习 9 个月取得美国的法学硕士学位（LL. M.），学生有资格参加纽约州、加州和威斯康星州的律师资格考试，之后在国内读一年，获得中国的法学硕士学位。此外，诸如北京外国语大学、上海外国语大学、广东外语外贸大学等外语院校的法学院还开展“法学+英语”“法学+小语种”的双学位培养模式。

目前，我国的合作办学项目主要适用于本科生和硕士生的培养，博士生教育是一个国家高端人才培养的依靠，在一定意义上决定了一个国家的科技竞争力，因此必须提升合作办学的培养层次，建立健全博士生国际化培养机制，系统培养博士生的国际战略意识、独立从事科研和独立处理重要国际法律事务的能力。〔1〕为此，国内法学院有必要探索（双）博士学位联培项目、“本科+硕士+博士”的人才培养项目。比如，中国人民大学法学院与慕尼黑大学法学院双博士联培项目要求学生在博士第一年或前两年在中国人民大学法学院学习，第二年或第三年赴慕尼黑大学法学院学习至少两年，学够指定学分，然后回到中国人民大学法学院完成博士学习，学生将获得中国人民大学授予的博士学位和慕尼黑大学授予的博士学位。〔2〕此外，还有清华大学法学院与日本东北大学法学院的博士联培项目、武汉大学与澳大利亚麦考瑞大学的博士联培项目。这些项目的国外合作院校大都减免学费，并提供高额奖学金。

另外一种学位型协同模式是中外合作办学机构，这是最紧密的校际合作方式之一，是国内高校通过与国外高校的校际协议，

〔1〕 Zhizhou Wang, S. Liu & Xueyao Li, “Internationalizing Chinese Legal Education in the Early Twenty-First Century”, *Journal of Legal Education*, 66 (2017), pp. 237-266.

〔2〕 参见中国人民大学法学院官网：http：//www. law. ruc. edu. cn/home/t/? id = 47480，最后访问日期：2023 年 12 月 30 日。

以分设二级学院、分设（联合或特许）学位教育等方式将国际教育资源本土化的一种模式。[1]该模式使学生不出国门也能接受精英化、国际化的法学教育。比如，中国政法大学、清华大学与欧盟11个国家的高校合办中欧法学院（China-EU School of Law），提供系统的欧洲法课程学习，颁发由中国政法大学授予的硕士学位证和汉堡大学授予的硕士学位证。北京大学（深圳）国际法学院（School of Transnational Law）提供美国式JD培养模式，全部用英文教学，教师为美国顶尖法学院的教授和知名律师，讲授英美法及其司法实践。此模式可以增强中国涉外法学教育的竞争力和国内法学院的国际知名度，但管理程序相对复杂，需要投入大量的资金和人力，开展宜循序渐进。

（二）开拓校地（企）协同，注重涉外法律实践能力的实质化培养

1. 开设多元化的实践课程

海外或涉外实务导师的参与可以加强学生理论学习与法律实务的融合，深化对学科的国际化认识。具体形式可以是实务界专家参与课程大纲制定和课程讲授的全面型协同，也可以是实务界专家配合校内教师教学安排的专题嵌入型协同，还可以是更灵活的课堂外各种讲座、沙龙、参访等活动的补充型协同，尤其可以借助校外实务导师的平台，为学生提供参访实务部门、近距离地观摩涉外工作的机会，更加立体而感性地理解涉外法律实践的内容和意义。乔治城大学的跨国法学习中心除了邀请全世界的国际法学者加入此中心授课外，还开辟了全球实践演练课程，通过大

---

〔1〕 杨晓楠：《国际合作办学模式梳理与探索①——以“卓越法律人才培养”为视角》，载《现代教育管理》2015年第1期。

量的跨国法和比较法的实践操作，引入国际仲裁实务，让学生亲自解决真实的跨国法律问题。[1] 北京大学（深圳）国际法学院聘请实务经验丰富的美国双语律师贝克·麦坚开设"起草双语合同"课程。该课程着重于讲授起草双语合同的要求以及避免和应对双语合同中语言歧义。[2] 北京大学法学院开设的"跨境法律律师实务课程"为全英文授课，每节课都会安排至少一名相关领域的中国律师辅助课堂，授课教师为美国众达律师事务所全球范围内的合伙人和资深律师，律师们通过分析国际律所中的研究案例，加深学生对不同专题的涉外法律实务的理解和掌握。[3]

实践课程的开设可以以真实的社会场景为教室，有些课程如"民法""公司法""国际金融法"可以组织几次实景（金融机构或法庭）观摩。由于实景观摩的机会有限，可以尝试将现代信息技术融入实验教学。上海对外经贸大学法学院的"国际商事争端解决模拟"和"非诉业务模拟"两门课程，借助大数据运用共享法学实验实务资源，侧重培养学生开展涉外民商事诉讼、国际商事仲裁、商事调解的实践能力。[4] 苏格兰格拉斯哥法律研究生院开设的虚拟仿真实践课程极具特色，国际认可度较高。该课程利用信息技术，由几个大学联合创造了一个包含历史、居民、医

---

〔1〕 杜承铭、柯静嘉：《论涉外法治人才国际化培养模式之创新》，载《现代大学教育》2017年第1期。

〔2〕 P. McConnaughay, & C. Toomey, *Preparing for the Sinicization of the Western Legal Tradition: The Case of Peking University School of Transnational Law*, In A. Harding, J. Hu & Maartje de Visser (eds.), Legal Education in Asia: From Imitation to Innovation, Leiden: Brill Nijhoff, 2018, pp. 223-250.

〔3〕 参见清华大学法学院官网：http://www.law.tsinghua.edu.cn/info/1065/7076.htm，最后访问日期：2023年12月30日。

〔4〕 陶立峰：《新时代涉外卓越法治人才培养路径探索》，载《黑龙江教育（高教研究与评估）》2021年第2期。

院、学校、法庭、商贸往来等元素的仿真社区，还开设了 64 个律所，每个律所由 4 个学生组成，他们开展本土和涉外业务，包括书写合同，商务信件，维护公司的案例管理系统等，这些任务大多来源于现实社会，每位学生主动选择或者被指定完成相关任务，并书写个人微博，以备课程评估。[1]

国际模拟法庭竞赛是世界公认的全面检验法学学生涉外法律应用能力的平台。当前一些有影响力的国际赛事比如杰赛普国际法模拟法庭大赛、“威廉·维斯贸仲杯”国际商事模拟仲裁庭辩论赛、世界人权模拟法庭竞赛、红十字国际人道法模拟法庭竞赛、国际刑事法院模拟法庭竞赛、曼弗雷德·拉克斯国际空间法模拟法庭竞赛、国际投资仲裁模拟法庭竞赛日益受到众多跨国公司和世界著名律所的关注，他们通常在比赛结束后会直接向队员发出实习、深造或就职邀请。因此，有条件的院校可以实施竞赛课程化，聘请知名律师和以往竞赛的优秀参赛者协同开设涉外实践模拟课程，对学生进行高水平国际化赛事的备赛培训，使其掌握相关的国际或外国法知识以及法律检索、涉外法律文书写作、团队合作、沟通表达等能力，为优秀学子创造更大的锻炼平台。[2]

2. 开展海外或涉外法律诊所实践

法律诊所的核心理念是通过法律实践学习律师的执业技能和职业伦理，教会学生“像律师一样思考”。二十一世纪初以来，中国法律诊所教育取得了长足发展，已有 202 所高校法学院成为

---

〔1〕 C. D. Cunningham, “Legal education after law school: lessons from Scotland and England”, *Fordham Urban Law Journal* , 33 (2005-2006), pp. 101-117.

〔2〕 郭雳：《中美一流法律专业学位研究生培养模式比较——以北京大学和哈佛大学为例》，载《学位与研究生教育》2018 年第 11 期。

中国法学教育研究会诊所法律教育专业委员会的会员院校，但涉外法律诊所教育尚处于尝试阶段。有条件的高校可以在现有法律诊所的基础上拓展涉外项目，在校内、校外设立涉外法律诊所，也可以发挥多所院校的优势，激活资源，合作设立涉外法律诊所。涉外法律诊所教育通常可以分两个阶段开展：初级阶段由具备涉外实务经验的大学教授提供实务类课程，进行理论与实务的衔接；高级阶段由一个律师带两个学生开展涉外实务，为顾客进行三对一服务，侧重培养学生在某一具体领域中的实践运用能力。

除自建涉外法律诊所外，还可以参与现已成熟的海外法律诊所项目。哈佛法学院法律诊所历史悠久，提供目前全球最发达的诊所教育，既有校内法律诊所，又有校外法律诊所，后者遍布全美数百家机构，涉及30多个法律领域，比如，学生可以通过国际人权法律诊所调查巴西的监狱状况，还可以通过谈判和仲裁法律诊所评估亚洲开发银行的争端解决系统。[1]美国华盛顿大学和澳大利亚法学教育中心发起了一个有名的"律师—客户有效沟通项目（the Effective Lawyer-Client Communication Project）"，该项目在全球范围内建立"标准化当事人"库，从当事人的视角对学生的律师执业水平进行国际化和跨学科的训练与评估，培养学生与国际客户有效沟通的能力，美国、澳大利亚、英国、南非、印度、以色列等国都是该项目成员。[2]我国也可以积极加入此类诊所项目，与国际先进的培养理念和培训方法接轨，加快提升学生

〔1〕 郭雳：《中美一流法律专业学位研究生培养模式比较——以北京大学和哈佛大学为例》，载《学位与研究生教育》2018年第11期。

〔2〕 C. D. Cunningham, "Legal education after law school: lessons from Scotland and England", *Fordham Urban Law Journal*, 33 (2005-2006), pp. 101-117.

的国际视野和涉外法治能力。

3. 建立长期稳定的实习、实践基地

涉外法治人才的实践性要求较高，其实习、实践基地的建设难度较大。首先，国家和各省级教育主管部门、各高校可通过国内相关部门或民间组织的协助，与区域性或世界性政府间或非政府间国际组织建立不同层次的教学、科研和实践项目，选派优秀学生前去实习，担任有关职位助理，培养学生处理该组织涉及的国际事务的能力。比如，荷兰海牙常设仲裁法院、国际刑事法院、WTO 上诉机构、欧洲人权法院、巴黎律师学院、联合国环境署欧洲总部、联合国毒品和犯罪问题办公室、世界知识产权组织、亚洲基础设施投资银行等国际组织和机构与北京大学、中国人民大学等高校法学院建立了较稳定的合作关系。

其次，积极拓展跨国公司、外向型企业、涉外律师事务所等实习、实践基地。这些机构的办公地点通常既有国内的也有国外的，而其在中国的分公司（所）应该成为涉外法治人才实习、实践的重要阵地。尤其对于中西部院校而言，争取到国际组织的实习名额相比北京、上海地区要少，因此，本地和本国涉及金融、航运、保险等业务的跨国公司或涉外律师事务所应是优先争取的对象。继 2015 年“大成—德同”律师事务所合并以来，海内外律所的业务渗透和结构融合加强。根据司法部官网的相关数据，2019 年底，已有来自 23 个国家和地区的律师事务所在中国设立 303 家代表机构，其中外国律师事务所驻华代表机构 225 家，香港地区律师事务所驻内地代表机构 64 家，台湾地区律师事务所驻大陆代表机构14家〔1〕。截至目前，我国律师事务所已在35个国家和地区设立了180家分支机构，境外分支机构数量与2018年相比增长了47.5%。〔2〕上述机构在规模和数量上的快速扩展有效助推了涉外法治实践技能的砺炼和提升。

（三）加强校内协同，培养综合性思维和复合型知识结构

1. 院际协同

院际协同是指是高校内部不同学科或专业之间在课程设置和教学安排等方面的交叉融合。由于学科背景的限制以及师资队伍尚不完备，法学院目前还很难满足涉外法治人才多重素养和阶段性培养的要求，因此，有必要整合全校教学资源，协同构建体系化的培养方案。

外语是在涉外事务中进行有效沟通和谈判的载体，而语言能力又是我国律师相较国际律师的主要差距。因此，必须同时发挥法学教育和外语教育在涉外法治人才培养初期阶段中的先导性作用。法学院和外语学院是人才培养的主战场、排头兵，我们要打破院系之间的藩篱，以交叉学科的视野联合开展涉外法律人才培养工作，优先采用专业复合模式，强化“法学+外语”或“外语+法学”的交叉融合。〔3〕毕竟，学生外语素养的养成需要专业化的师资和体系化的知识输入，不能简单认为开设“法律英语”一门课程就可以了，而需对学生的语言能力进行专项培养，分阶

〔1〕 参见 http://www.moj.gov.cn/organization/content/2020-06/24/574_3251377.html，最后访问日期：2023年12月30日。

〔2〕 参见《司法部：涉外法律体系不断健全，反洗钱法等涉外立法正推进》，载新浪网：https://cj.sina.com.cn/articles/view/5044281310/12ca99fde020022aah，最后访问日期：2023年12月30日。

〔3〕 张法连、李文龙：《我国涉外法治专业人才培养体系构建研究》，载《语言与法律研究》2019年第1期。

段开设“法律外语视听说”“法律语篇阅读”“法律外语写作”“法律语言学”等必修或选修课程。英语在当前和未来很长一段时间会一直处于全球通用语的主导地位，因此，着重提升学生的法律英语能力是关键。当然，在精通英语的基础上，可以尽可能掌握多门外语。比如，中国政法大学外国语学院自 2015 年以来面向法学专业学生积极开设多语种选修课程，先后设立了涉外法学法语实验班、法学专业西班牙语特色人才实验班，陆续形成了“中英法”“中英西”“中英德”等多语课程群。[1]

涉外法治人才应是具备法学专业知识、外语专业知识和非法学专业知识的“一花三瓣”式复合型人才，也就是“法律+外语+N”。[2] 要在国际贸易、知识产权、高科技、金融等领域更受青睐，还须具备经济学、管理学、国际关系学、保险学、审计学等知识。因此，法学院有必要与商学院、经济管理学院等开展有效协同，为学生提供可供选修的其他专业课程，拓展法科生其他专业的抓摄能力。哈佛大学 JD/MBA 项目由法学院和商学院联合举办，该项目首先要求学生分别用一年的时间进入法学院和商学院学习，形成法学和经济管理学两个学科完整的知识结构，然后，在最后一年或两年时间里由两个学院共同制定学科融合的教学安排，真正实现学生在学科独立学习基础上法商复合性、应用性能力的培养。[3]

院际协同首先体现在探索课程体系的科学化设置，保证法学

---

〔1〕 张清、刘艳：《新时代涉外法治人才的多语能力培养探索——中国政法大学的人才培养实践》，载《外语界》2023 年第 5 期。

〔2〕 张法连、李文龙：《我国涉外法治专业人才培养体系构建研究》，载《语言与法律研究》2019 年第 1 期。

〔3〕 王霆：《美国 JD/MBA 法商复合型人才培养模式及其启示》，载《高教探索》2017 年第 2 期。

核心课程、法学全外文授课课程、法律外语课程、通识课程和特色课程的有效衔接。其次还体现在教学模式上，探索两名及以上教师共同负责一门课程的教学模式。[1] 协同教学在美国大学跨学科课程的教学中备受青睐，常见有接力模式、同堂模式和嘉宾模式。接力模式指两名及以上教师根据各自专长或者学术偏好分配周次轮流授课；同堂模式指两名及以上教师基于自己的专业背景在同一课堂上对某些问题展开多维视角的分析与讨论；嘉宾模式指一位教师全权负责整门课程的教学内容设计、呈现及考核，其他教师以嘉宾身份不定期开设讲座或者强化课程，旨在对难度较大、重要性凸显的知识板块进行补充和扩展。上述协同教学模式在不同程度上促使教师的学科知能、认知视域、教学经验和研究兴趣实现异质化互动和碎片化整合，同时也有助于学生的知识储备的纵深发展。

2. 行政部门、教辅单位与教学单位的协同

无论是拓展国际合作与交流、开展海外或涉外法律诊所教育，建立海外或涉外实习、实践基地，还是组织学生参加国外模拟法庭竞赛，鼓励教师组建协同教学团队，都需要投入大量的资金和人力。学校层面应高瞻远瞩，给予足够的财政支持，比如，利用国家留学基金委员会和其他资助项目拓展学校的经费资源，增加学费弹性，加大奖助学金支持力度。国际交流部门应加强与域外院校沟通，并及时向教学部门了解需求、共享信息。教学管理部门应设置专门扶持政策，为院际协同的实施保驾护航。以康奈尔大学为例，该校充足的多学科师资、多层次的学术群体和完

---

[1] J. T. Shaplin, *Description and Definition of Team Teaching*, Team Teaching, 1964, pp. 1-23.

善的网络系统为跨学科协同教学提供了智力保障，同时，该校教务部门专设跨学科协同教学委员会，每学年在学校范围内组织一至两次交流会，为学校不同学科背景的教师开展协同教学和跨学科研究提供合作平台，并设立基金项目对具有一定发展前景的跨学科课程进行立项资助。[1]

除行政部门外，教辅单位也应积极参与其中。大数据时代下，信息在以前所未有的速度更新，新型的研究资源和数据库都是开展相关工作最重要的知识载体，研究资源在学科发展及人才培养中处于核心地位。图书馆应与培养单位沟通，了解其学术和实践需求，购买多样、齐全的相关藏书和期刊，涉外法务资料中心、企业涉外法治研究等数据库及其他电子资源，并积极推广高效科学的资源检索方式，以便法学院师生可以通过这些数据库及时获取其他国家最新的法律法规、法学论著、评论文章、最新案例等，与国际研究的前沿成果保持同步。

五、结语

涉外法治人才的培养已成为我国一项迫在眉睫的任务，也是我国未来很长一段时期的重要国家战略。涉外法治人才培养应秉承协同育人的理念，以高校为主体，构建“国际协同”“校地（企）协同”“校内协同”三个维度相互支撑的“三位一体”的协同培养机制，最大限度地整合资源，打造“涉外法治人才培养共同体”，实现涉外法治人才培养工作的提质增效。然而，不同类型的协同都有自身的优点和劣势，国内高校也应根据自身学科

〔1〕 何静秋：《高等院校跨学科协同教学模式研究——以〈法律语言学〉课程为例》，载《法学教育研究》2022年第1期。

专业实力、办学特色和区位优势，确定不同的发展定位，选择合适的培养路径。只有努力培养一大批高水平的涉外法治人才，建立健全世界一流的国际法智库，中国才能在新时代更好维护国家主权、安全和发展利益，斗志昂扬地参与到国际合作、国际治理的滚滚洪流之中。

课堂与教学

Curriculum and Teaching

基于自身生案例的 MBA《商法》课程模拟法庭探索　周建涛　金迈杰
周建波　田　华
经济法课程案例教学难点及完善路径研究　张　霞
法学双语教学课程的现实困境与突破路径
——以《刑法总论》课程为例　王晓晓
法学虚拟仿真实验教学平台建设研究　陈　健　林沐政
监察法学案例教学的综合改善　屈　新
新时代民族高校本科法学专业实践教学体系构建的六个维度　司马俊莲　邓　浩

基于自身生案例的MBA《商法》课程模拟法庭探索*

◎周建涛　金迈杰　周建波　田　华**

摘　要：传统《商法》课程运用他人实战案例进行模拟庭审以培养学生综合运用法律知识的能力，但是因为他人案例与学生缺乏紧密关联，较难全情投入，因此实际综合判案能力提升有限。本文基于孔子“不愤不启、不悱不发”的思想指导，结合MBA学生的在职特点，提出了基于学生自身“生案例”组织模拟法庭的方法，设计了庭前从“思而不得”到“心犹存疑”量的积

---

* 2021年北京航空航天大学教改项目“中华宽容美德融入经管《商法》生案例模拟法庭探索”（4302126）；欧盟伊拉斯谟+项目“以创新型方法为亚洲新一代 高校教师开发面向未来的学术课程（部分）”（项目编号：598251-EPP-1-2018-1-PL-EPPKA2-CBHE-JP）。

** 周建涛，北京航空航天大学经济管理学院副教授，经济学博士，研究方向：法律经济学；金迈杰，北京航空航天大学经济管理学院金融风险管理专业研究生；周建波，北京大学经济学院教授，经济学博士；田华（通讯作者），北京航空航天大学高等教育研究院副教授，管理学博士。

累阶段，再到庭审学生从“欲问”到“追问”质的飞跃，外加庭审中教师“启发”点评升华学生对自身生案例适用实体法知识点，并最终形成庭后“愤悱”反思总结的模拟庭审流程。通过一个“小微企业偿贷”的学生自身生案例，完整展示了6人庭审小组“庭前、庭审、庭后”一体化“愤悱”体验全过程，反映出该流程比他人实战“熟案例”模拟法庭的教学方法，更能提升学生处理《商法》跨章节知识点的综合判案能力。

关键词：愤悱；学生自身生案例；模拟法庭；MBA《商法》课程

一、引言

MBA培养目标是一流的复合型商务人才，具备市场导向和战略思维，懂得如何管理和合理分配资源，胜任国际竞争的高级管理职位。MBA《商法》课程，旨在培养管理者在未来商业领域中的法律意识，运用法律知识解决商事纠纷和维护企业合法利益，助力企业安全地创造价值。例如，中国人民大学商学院吕景胜教授，长期为MBA主讲《商法》课程。他认为，商法与战略、营销、人力资源、财务管理等课程具有同样的价值，防范经营中的法律风险，避免涉诉，少打、不打官司是MBA最关心的问题[1]。教学方法突出以“三实”（实战、实用、实务）带动“三基”（基础知识、基本概念、基本理论），以问题、案例引出枯燥的法律条文和法理。

当前案例教学已成为MBA课程教学的标配，而依托案例组

[1] 吕景胜、庄泽宁、黄宏伟：《知识型员工过度劳动对离职倾向的影响研究——基于工作满意度中介作用的分析》，载《中国物价》2019年第1期。

织模拟法庭，则是 MBA《商法》课程培养法律职业素质和综合能力的重要环节[1]。但目前 MBA《商法》课程多基于经典案例、实时热点案例组织模拟法庭：前者由于已有法院判决书，学生多是照着"剧本"表演，主要是熟悉诉讼流程；后者由于已有大量媒体"维权"报道，学生不自觉地受其左右，难有独立的批判性思维。

无论经典案例还是实时热点案例，均是真实的问题，但为何经模拟法庭体验后 MBA 学生的实际判案能力并未得到实质提升？原因主要有两点：第一，这种"真实"问题是指他人的实战案例，而非 MBA 研究生自身的实战案例，学生作为"旁观者"很难真正融入其中；第二，现成的法院判决书和大量媒体"维权"报道，极大便利了 MBA 学生简单复制他人成果，其深入探究的动力明显不足。事实上，MBA 学生来自不同的企业，正遇到各种商事纠纷，其自身真实案情非常丰富。因此本文针对 MBA 学生在职特点，拟基于 MBA 学生自身实战生案例组织模拟庭审，让学生在庭前准备、庭中展示和庭后总结三阶段的交锋、反思中深化对实体法知识点的理解和实际解决商事纠纷能力的提升。

二、文献综述

（一）模拟法庭的应用

当前国内《商法》课程模拟法庭探讨，多是针对法学专业的全日制学生基于他人实战案例而开展。例如张小蕾（2010）设计本科生模拟法庭时，一、二年级学生到法院旁听案件，二、三年

[1] Kolb David, *Experiential learning: Experience as the Source of Learning and Development*, New Jersy: Prentice-Hall, 1984, pp. 31-61.

级学生开展“演练性”模拟开庭，三、四年级学生开展“实战”模拟开庭[1]。沈桥林、肖萌（2010）将法学硕士分为法学和非法学两类，经模拟法庭“精选案例、角色安排、庭前准备、庭审展示、庭审点评、庭后总结”六个步骤，锻炼了学生学以致用、组织策划和沟通协调能力，学生找到了自己的差距，缩短了与实践的距离[2]。陈学权（2012）选用法院已结案件，在模拟法庭实验前向学生提供证据材料，而不提供告知司法文书、法庭审理笔录等资料。刚开始庭审效果差一些，学生犯的常识性错误也较多；但随着实验的不断进行，学生的庭审操作能力逐渐增强，开庭审判也逐渐规范；最后一两场模拟审判，模拟审判效果基本上可以达到现实中法庭审判水平[3]。夏新华（2017）选用法院未结案件，为法律实习生设计并实践“三段六步”实战教学法，其中“三段”指庭前模拟、庭中观摩、庭后提升三个阶段，“六步”包括庭前优选、模拟开庭、观庭听审、评庭交流、总结提升、推广应用六个步骤。紧密围绕“庭审”中心环节展开，学生参与实战化教学全过程，绝大多数实习生自认为“法律职业思维以及法律语言表达能力得到了很好锻炼”[4]。但曹锦秋、郭金良（2018）也指出，法学专业学生经模拟法庭实践，面对鲜活案例

---

〔1〕 张小蕾：《浅议模拟法庭教学制度的完善》，载《中国大学教学》2010年第2期。

〔2〕 沈桥林、肖萌：《模拟法庭实训课的组织与实施》，载《中国大学教学》2010年第8期。

〔3〕 陈学权：《模拟法庭实验教学方法新探》，载《中国大学教学》2012年第8期。

〔4〕 夏新华：《法科“三段六步”实战教学法的理论建构与实践检视》，载《时代法学》2017年第5期。

仍然束手无策[1]。为什么两位学者的结论截然相反？夏新华着眼于学习心得，庭审主观体验可能被高估；曹锦秋、郭金良关注如何破解新案例，更加客观。本研究倾向于从学生实际破解新案例能力来判定模拟法庭效果，因此提倡以 MBA 学生自身实战生案例为切入点，进行模拟庭审[2]。

（二）熟案例与生案例

陈学权等学者组织模拟法庭时选用他人实战且法院已结案件为“熟案例”，授课教师为达到教学目的，可能对这些熟案例进行些许打磨、编辑。但是面对他人实战熟案例，学生往往缺乏切实感受，也就难以有更强烈的动机去立体挖掘案件背后的多重信息；教师在学生模拟庭审后的点评也会解答学生的某些困惑，指出学生庭审展示时的问题，但学生综合判案能力提升仍然有限。

与“熟案例”相对应，“生案例”指夏新华组织模拟法庭时选用他人实战但法院未结案件，包含更多原始材料、未经过授课教师“去粗取精、去伪存真”的过程。“生案例”可以保持材料、事件的原汁原味，也和学生真正面临的情境更接近。由于尚无结论，从而预留了巨大的想象和讨论空间，会对学生产生很大的吸引力；当然，这对于学生甄别、权衡、判断能力的挑战也会更大[3]。

杨斌、康妮（2019）认为，非全日制研究生具有更丰富的社会阅历、更多元的工作经验、更强的实践能力，其案例教学、实

---

[1] 曹锦秋、郭金良：《高等学校法学实践教育创新研究——从实训课程与模拟法庭的关系视角切入》，载《辽宁大学学报（哲学社会科学版）》2018 年第 4 期。

[2] 雷庆、王金旭：《高等教育研究应更多关注高校的教与学》，载《中国高教研究》2022 年第 3 期。

[3] 杨斌、姜朋、钱小军：《案例教学在职业伦理课程中的应用》，载《学位与研究生教育》2019 年第 12 期。

践教育具有更强的对话性、启发性[1]。MBA 是非全日制研究生的一种，其特点有三：第一，本科大多学习计算机、工程、机械等非法学专业，与美国法学院“法律博士”（Juris Doctor，JD）生源背景类似；第二，工作时长至少三年，有的甚至工作了八至十年，这种在职背景使其对商法、营销、战略、项目管理等跨学科知识已有初步感性认识；第三，工作过程中往往正遭遇商事纠纷，这些 MBA 学生自身实战生案例不仅十分难得，而且更为珍贵。与夏新华“他人实战但法院未结”生案例相同，均未经授课教师打磨、编辑。但与夏新华“他人实战但法院未结”生案例不同，这些 MBA 学生自身实战生案例带给课程的真实感、关联性是他人实战生案例难以企及的。

三、基于孔子“愤悱”理念的 MBA 自身实战生案例模拟法庭设计

孔子最擅长“启发”解惑，见“不愤不启，不悱不发”，包括两个阶段：先学生自学，当处于“愤”状态，教师点拨，实现“启”；第二阶段，让学生继续思考，当进入“悱”状态，教师再点拨，实现“发”[2]。子路、子贡等门生就自身实战已经历“愤悱”从初级“思而不得”到中级“心犹存疑”量的积累过程，正进入高级“欲问”状态；经孔子“启发”，实现质的飞跃。

MBA 研究生在职特点类似有一定工作阅历的孔子门生，适合结合自身实战生案例组织模拟法庭，充分体验“愤悱”从庭前准

[1] 杨斌、康妮：《亟须激发活力：非全日制研究生教育发展的若干思考》，载《学位与研究生教育》2019年第7期。

[2] 杨伯峻译注：《论语译注》，中华书局2019年版，第26页。

备到庭审展示量的积累过程，庭审中经教师“启发”点评，茅塞顿开，瞬间体验出“愤悱”质的飞跃之喜悦。商事模拟法庭流程一般包括六个步骤：精选案例、角色安排、庭前准备、庭审展示、庭审点评、庭后总结。本文设计的模拟法庭流程如下：

（一）遴选综合性、复杂性生案例

模拟庭审首先要遴选涉《商法》课程多个知识点的综合性、复杂性生案例，旨在体现案例真实性。遴选生案例原则有四：①聚焦教学内容的重点、难点，学生关心的疑点、热点；②涉及内容跨章节、跨模块，使学生感到既有压力，又有动力；③具有时效性，新近发生，最好正在进行；④证据具有“均衡性”，当事人双方均有过错，均有发挥的空间。

（二）组建“实虚结合”6人庭审小组

基于《商法》32课时，模拟法庭安排在课程最后4学时，组建“实虚结合”6人庭审小组。这里，“实”指生案例作者（实体角色），即实战当事人自身；“虚”指其他5名模拟成员（虚拟角色）。相关规定：被选中的生案例作者，自动成为模拟庭审小组组长，自主组织该组其他5名成员，旨在发挥生案例作者（组长）对模拟庭审案例已有初步感性认识的优势〔1〕。对庭审小组还限定：①仅包括原告、被告、法官三类主要角色；②每类角色2人。至于证人、书记员等次要角色，由三类主要角色兼任。假设全班学生总数为N，则分为N/6组（取整数，四舍五入）。6人庭审小组，不仅可规避部分学生的搭便车行为〔2〕，而且相互

〔1〕　田洪鋆：《模拟法庭教学的课程内容设计》，载《中国大学教学》2014年第10期。

〔2〕　汪莹等：《MBA案例教学改进对策研究——以中国矿业大学（北京）为例》，载《学位与研究生教育》2017年第3期。

协作可以提高“愤悱”深度。

（三）庭前准备：“愤悱”从“思而不得”到“心犹存疑”

与他人实战熟案例相比，自身实战生案例无现成“剧本”，因此各庭审小组在庭审前不得不投入大量时间、精力，体验最原始的“费力”“一团乱麻”等，“愤悱”进入初级“思而不得”的状态[1]。整个过程中6名成员多次讨论，逐渐梳理出生案例中二至三个争议焦点，经过梳理案情日渐清晰。接下来3个子组分别独立撰写答辩状、辩护状、庭审提纲，至此案情更加清晰；但存在一些情况，有些法条支持模拟原告，还有些法条支持模拟被告，模拟法官仍感困惑，“愤悱”进入中级“心犹存疑”阶段。而“愤悱”从“思而不得”到“心犹存疑”，是艰苦的量的积累过程。

（四）庭审展示：暴露错误，催生“愤悱”欲问

设置简易的模拟法庭，仅保留“原告”“被告”“法官”三类席位。6名小组成员面对全体学生，来感受模拟庭审的对抗性。例如模拟原告“强词夺理”，模拟被告“胡搅蛮缠”。庭审小组通过自主探索，对商事纠纷能够解决60%～70%，另外30%～40%则是暴露的一些错误。模拟法官程序判决公正，但急欲知道实体判决是否公正，如何得体地解决商事纠纷？“愤悱”进入高级“欲问”状态，这与邱学华的尝试教学法类似[2]。“愤悱”从“心犹存疑”到“欲问”，是庭前准备的自然延伸，也是庭审展示环节的核心。

---

〔1〕 高慎英：《返回“体验学习”》，载《教育科学》2008年第3期。

〔2〕 邱学华：《尝试教学法在中国的诞生与发展》，载《中国教育科学》2015年第3期。

（五）庭审点评：教师“启发”诱发“愤悱”追问

首先，教师指出学生应用实体法的错误，例如争点归纳是否全面、提交证据是否足够支撑诉求、适用法理是否恰当等，进而有针对性地纠错。其次，如何解决商事纠纷存在极大的张力空间。通过比照模拟诉讼结果，基于风险、宽容视角分别拓展出风险管理、和解方案，和解方案可进一步分为双方同时宽容、一方先行宽容两类，从而诱发学生高质量“愤悱”追问。

（六）庭后总结：针对扮演角色反思“愤悱”过程

各庭审小组除提交案例报告外，每个庭审成员还要提交庭审“愤悱”过程的书面总结。对庭后总结要求有二点：①针对扮演角色；②反思“愤悱”过程。同一案例，基于三类角色总结，“愤悱”体验自然不同；即使同类角色的 2 个人，也因工作经历不同、参与程度差异，“愤悱”体验呈现个性化。

综上，自身实战生案例模拟法庭的“愤悱”体验是一个连续过程。其中，自身实战生案例是引子，庭前“愤悱”从“思而不得”到“心犹存疑”充分积累，再到庭审展示进入“欲问”状态，此时教师“启发式”点评，诱发学生高质量“追问”，从感性认识飞跃到理性认识，最后让学生在庭后将该“愤悱”过程的体验以清晰的文字记录下来，环环相扣，依次递进。6 人庭审小组“庭前、庭审、庭后”一体化“愤悱”体验、“启发”解惑的路径，详细内容见下图 1 所示。

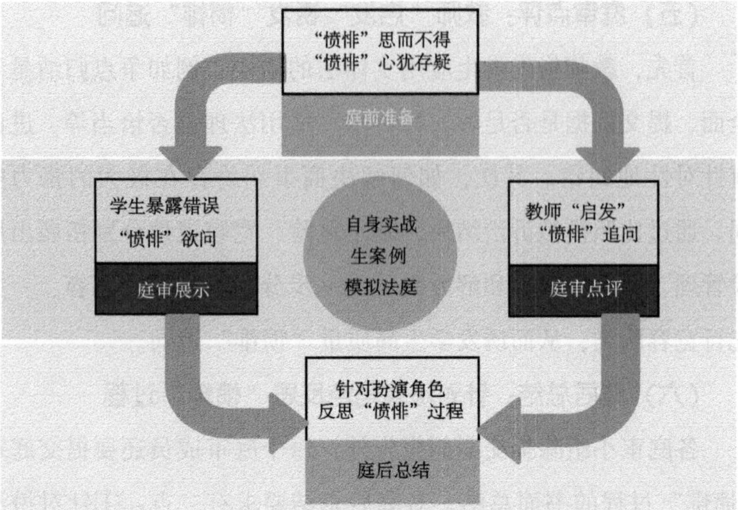

图 1 庭审小组“庭前、庭审、庭后”一体化“愤悱”“启发”过程

四、MBA 学生自身实战生案例模拟法庭过程：小微企业偿贷案

（一）小微企业 BJ 偿还 0.4 亿元委托贷款案

案例发生在北京。2020 年 4 月 20 日，小微企业 BJ 公司（以下或称“BJ”）与投资方 AL 公司（以下或称“AL”或“AL 投资公司”）、担保方 JK 公司（以下或称“JK”或“JK 担保公司”）签订《投资协议》《反担保协议》，就“AL 投资 BJ、JK 负担保责任”达成约定，同时要求 BJ 将房产抵押给 JK、承担反担保责任。

4 月 28 日，三方签订《回购担保反担保协议》，约定 AL 投资的 1 亿元到账后以保证金形式存入 JK 指定账户，JK 以委托贷款方式将 0.4 亿元转至 BJ 账户，剩余 0.6 亿元由 BJ 授权 JK 使用。还约定：若出现股权回购情形，JK 优先将未委托贷款部分的保证金及利息向 AL 支付回购价款及利息，不足部分由 BJ 筹措，或与委托贷款受托银行协商处置抵押房产偿付。4 月 30 日，JK 与受托银行及 BJ 签署《委托贷款合同》，约定受托银行向 BJ 提供 0.4 亿元资金。BJ 向受托银行提供房产抵押，作为委贷增信措施。委贷期结束，BJ 未能完成业绩条件，JK 要求 BJ 偿还本金 0.4 亿元，但 BJ 拒绝还款。JK 诉至法院，要求 BJ 返还到期委托借款 0.4 亿元，并要求就抵押房产优先受偿。

（二）被遴选为模拟庭审案例的理由

该案是生案例作者单位（AL 投资公司）与关联公司（JK 担保公司）的真实案例，正处于纠纷阶段。该案四方当事人（BJ、AL、JK、受托银行）签订了四份书面文件：《投资协议》《反担保协议》《回购担保反担保协议》《委托贷款合同》，四种法律关系并存，体现了综合性、复杂性。第一，国家大力扶持小微企业，而小微企业如何贷款更是学生关心的热点问题；第二，涉及企业法（小微企业）、金融法（委托贷款）、商事基础法（私法自治、合同、担保、反担保），跨越 3 个模块和 6 个实体法知识点（合同、担保、反担保、委托贷款、居间代理、私法自治），难度明显较大；第三，正处于纠纷阶段，时效性强；第四，诉争当事人均能找出支持其诉求的法律依据，有很大的张力空间，最适合检验学生如何将所学《商法》知识恰当运用于自身实战生案例模拟法庭。

（三）庭前准备

生案例作者李某岚，庆幸自己的案例被老师选中，用于模拟庭审，当天迅速找到 5 名志同道合的同学组成 6 人庭审小组。首先，向组员详细讲述案件经过；其次，根据他们的偏好，分配庭审角色；最后，自己选择了最难的法官角色，并积极组织组员定期讨论。

最初面对庭审案例，组员不知从何处入手，“愤悱”呈“思而不得”状态。经多次讨论，逐渐梳理出该案的三个争议焦点：①0.4亿元是投资款还是委托贷款？②股权回购0.4亿元约定是保证金质押还是履约保证金？③JK担保公司应否优先受偿？案件日渐清晰，但有些法条支持模拟原告，另有法条支持模拟被告，模拟法官仍感到困惑，“愤悱”进入“心犹存疑”状态。

（四）庭审展示

模拟原告紧紧咬住双方签订的《反担保协议》，要求就被告的抵押房产优先受偿。

模拟被告胡搅蛮缠地哭诉“小微企业贷款难、处处受制约”，情绪数度激动；依照《委托贷款合同》，即使处置抵押房产，也是优先偿还受托贷款银行，而非JK担保公司。

模拟法官判决：原告、被告自愿签订《委托贷款合同》，被告应按照约定偿还原告0.4亿元欠款；现被告无力偿还原告，依照《反担保协议》，应就抵押房产优先偿还原告。

（五）庭审点评与追问、解释

针对生案例跨章节、跨模块的特点，教师在点评和释疑过程中，主要帮助学生回归教材，分析判断法条适用的主次，理清法庭审判的思路等，从具体的庭审争辩内容中抽象出所学法条内容，使学生更深刻地理解所学法条内容和应用场景。就本案，提供如下点评和追问、解释。

教师点评：模拟法官支持原告诉求是正确的，但支持原告的理由并不充分，没有明确“在四种并存法律关系中，哪一种法律关系起主导作用?”，这恰是破解该案的关键。该案受托银行仅承担“居间代理”角色，而真正委托贷款风险承担者是AL投资公司、JK担保公司，BJ被AL、JK层层约束是必然的。

模拟被告追问：BJ遭受AL、JK各种约束，似乎与国家支持小微企业的初衷相悖?

教师解释：国家基于税收优惠等政策，支持小微企业。但BJ与AL投资公司、JK担保公司、受托银行之间，均是市场自愿行为，当事人遵循“私法自治”原则达成一致。BJ作为小微企业，风险天然地高于大企业，故大银行通常不愿为其贷款；民间AL投资公司欲借款给BJ，但为控制投资风险，要求BJ提供担保；JK为控制担保风险，要求BJ提供反担保，还设定了“股权回购情形”限制条件，BJ均同意签字，自然受其签字行为约束。

（六）个人庭后总结

教师要求学生撰写庭后总结，反思自身角色下“愤悱”过程中的得失，法条在具体案例应用中的适用性。以下内容为根据本案摘取的部分学生的庭后总结：

模拟原告1：徐某杰。通过老师点评“受托银行仅为居间代理，而真正委托贷款风险承担者是AL投资公司、JK担保公司，BJ被AL、JK层层约束是必然”，使我对原告赢的原因从感性认知上升到理性体悟。为应对BJ违约风险，AL通过担保合同将投资风险转嫁给JK；JK则通过反担保合同，巧妙地化解了担保风险。

模拟原告2：王某。作为原告，我当然想赢得诉讼，直到老师点评“受托银行仅为居间代理，而真正委托贷款风险承担者是AL投资公司、JK担保公司，BJ被AL、JK层层约束是必然”，我才弄清了原告赢的法律逻辑。为控制投资风险，AL要求有实力的JK为BJ担保；JK要求BJ以自身房产抵押，通过反担保合同将自身担保风险降到最低。

模拟被告1：亓某贝。通过老师点评“国家通过税收优惠等支持小微企业，但BJ与AL、JK、受托银行之间，均是市场自愿行为”，使我认识到自己对“国家支持小微企业”政策理解的偏差。小微企业BJ“以自身房产抵押融资创业失败风险”，是饮鸩止渴的赌博行为，应坚决规避之。

模拟被告2：李某茵。通过老师点评“国家通过税收优惠等支持小微企业，但BJ与AL、JK、受托银行之间，均是市场自愿行为”，使我深刻地理解了“为什么小微企业BJ在与AL投资公司、JK担保公司谈判过程中不得不接受各种苛刻的约束条件”。

模拟法官1：李某岚，生案例作者。通过老师点评“受托银行仅为居间代理，而真正委托贷款风险承担者是AL投资公司、JK担保公司”，使我认识到自己判案“过分关注局部，缺乏整体观”。从全局视角综合看待整个案件是我今后努力的方向。

模拟法官2：宋某贤。通过老师点评“受托银行仅为居间代理，而真正委托贷款风险承担者是AL投资公司、JK担保公司”，使我认识到自己判案“过分同情被告弱势角色”，不自觉地纠结于人情和法律之间的关系。基于客观、公正的法官思维判案是我未来改进的目标。

总之，该案6名小组成员除从实体法理视角剖析自己的不足外，还拓展出“风险管理意识和方案”[1]，这在以往基于他人实

---

〔1〕 邢以群等：《以学生为主体的体验式教学模式探索——从知识到智慧》，载《高等工程教育研究》2016年第5期。

战案例组织模拟法庭的场景下是难以相像的。这同样也类似于马凤才（2022）将一位 MBA 学生所在的 JX 公司于授课期间遇到的“订单管理与排产”疑难问题引入该班《运营管理》课堂，来打造案例教学的一个新场景，这不但帮助学生解决了实际问题，也极大地提高了学习兴趣，可谓异曲同工[1]。

五、MBA 自身实战生案例模拟法庭“愤悱”设计的实践及效果

2020—2021、2021—2022 连续两个学年，笔者先后给 MBA 四个班讲授《商法》课程，每班均组建“实虚结合”6 人庭审小组，学生深度参与自身实战生案例模拟法庭、深刻体验“愤悱”过程。

（一）MBA 近年《商法》笔试（含 25%往届 MBA 生案例）成绩统计

2019 级至 2021 级，笔者负责《商法》课程共 5 个班的教学。其中 2019 级之前虽然也组织了 MBA 自身实战生案例模拟法庭，但未突出综合性、复杂性生案例，也未落实到 6 人庭审小组，显而易见庭前准备严重不足，庭后总结也未能落地落实；只是庭审展示模拟原告、被告辩论激烈，模拟法官居中裁判，虽然课堂气氛活跃，学生“愤悱”体验似乎很深刻，但 2019 级的学生笔试成绩并不是十分理想，详细内容见下表 1 所示。

---

[1] 汪莹等：《MBA 案例教学改进对策研究——以中国矿业大学（北京）为例》，载《学位与研究生教育》2017 年第 3 期。

表 1 MBA 五个班《商法》笔试成绩统计

班级	>90 优秀	80-89 良好	70-79 中等	60-69 及格	<60 不及格
2019 级 1 班 (58 人)	4 (6.9%)	21 (36.2%)	21 (36.2%)	12 (20.7%)	0 (0.0%)
2020 级 1 班 (54 人)	36 (66.7%)	15 (27.8%)	2 (3.7%)	1 (1.8%)	0 (0.0%)
2020 级 2 班 (54 人)	25 (46.3%)	27 (50.0%)	2 (3.7%)	0 (0.0%)	0 (0.0%)
2021 级 1 班 (58 人)	42 (72.4%)	14 (24.2%)	1 (1.7%)	1 (1.7%)	0 (0.0%)
2021 级 2 班 (56 人)	–	–	–	–	–

注：第二列至第六列的数字为各成绩段的学生人数，括号内数字为各成绩段的学生人数占比。2021 级 2 班的教学时期正值疫情的严峻时刻，只能实现线上授课，且组织线上模拟法庭，但未能组织线下笔试。

对比 2019 级至 2021 级可以发现："优秀"从 6.9%跃升至 66.7%以及 46.3%和 72.4%，主要源于学生深度体验生案例模拟法庭"庭前准备、庭审展示和点评"的过程，在庭后总结庭审"愤悱"过程中的得失才能更加深刻、更接地气，因此在最终的《商法》笔试中，成绩才更优秀。

（二）MBA 近年对《商法》课程的评价

表 2 MBA 五个班对《商法》模拟法庭及课程评价的成绩以及内容统计

班级	平均成绩	部分学生对生案例模拟法庭及《商法》课程的评价
2019 级 1 班 (58 人)	78.56	老师基于我们自身的实战案例组织模拟法庭，很有意思，当时很明白；但面对往届 MBA 生案例，感觉理解的模棱两可。

续表

班级	平均成绩	部分学生对生案例模拟法庭及《商法》课程的评价
2020 级 1 班（54 人）	96.34	老师基于我们工作的实战案例组织模拟法庭环节，学完感觉受益匪浅。
2020 级 2 班（54 人）	98.36	老师通过我们自身的实战案例组织模拟法庭，非常实用，能够切实解决工作中的问题。
2021 级 1 班（58 人）	99.46	老师基于我们自身工作的实战案例组织模拟法庭，内容充实，针对性强，点评到位。
2021 级 2 班（56 人）	97.73	老师通过我们自身工作的实战案例组织模拟法庭，很有代入感。

如上表 2 所示，学生对笔者《商法》课程的评价大幅度提高，这主要源于笔者增加了庭前准备、庭后书面总结两个环节，前者是庭审展示、点评的基础和前提，后者是庭审展示、点评的自然延伸。学生的反馈是最真实的，若他对课程很满意，他会毫不吝惜地将自己的获得感流露于课程评价及成绩；相反，若他对课程不满意，他也会客观地将自己的不满显露于课程评价及成绩。由于学生的个人总结更加深刻、更接地气，学生的《商法》笔试成绩，尤其是“优秀”率，大幅度提高，进一步对《商法》课程的评价提高，三者是依次递进关系，即表 2 是个人庭后总结和表 1 的自然结果，三者之间呈高度正相关性。

六、讨论和总结

高校《商法》课程模拟法庭流程，大多与图 1 类似，也包括庭前准备、庭审展示和点评、庭后总结三个环节，但与本文最大的区别在于：庭审案例多选自法院已结的他人实战熟案例，而本文则选自MBA学生自身实战生案例。二者形似而神异，这是学生“愤悱”体验不同、进而判案能力差异悬殊的根本原因。

首先，本文从MBA学生自身实战生案例中仅遴选综合性、复杂性生案例，以学生为主体，立体挖掘生案例。当然，教师可能会面对模拟庭审现场复杂、不可控的挑战和压力，这要求授课教师应当具有理论和实践兼备的“双师”素质；而模拟庭审的他人实战熟案例多由教师选定，信息基本固定，难以立体挖掘，无论学生“愤悱”难度还是教师庭审现场风险都相对较低。

其次，本文组建“实虚结合”6人庭审小组，无论庭前“愤悱”从“思而不得”到“心犹存疑”，还是庭审“愤悱”从“欲问”到“追问”，均以生案例作者为中心、纵深挖掘生案例隐含信息，自然提高“愤悱”深度和知识跨度；熟案例庭审小组10人至15人全是虚拟角色，无明确的领头羊，常规式研讨他人实战熟案例，“愤悱”深度相对不足。

最后，庭审教师的“启发”点评，直击生案例作者的内心“痛点”，不仅本人刻骨铭心，还给予5名模拟学生“感同身受”的间接体验，“愤悱”过程的反思更接地气；而熟案例庭审学生经教师的“启发”点评，“愤悱”体验也更加深化，但最多只能达到本文模拟学生“感同身受”的间接体验，难有生案例作者“刻骨铭心”的直接体验，庭后反思“愤悱”过程的自然深度不够，“面对鲜活案例仍然束手无策”也就不足为怪了。这二者的主要区别见下表3所示。

表3　自身实战生案例与他人实战熟案例的模拟法庭学生“愤悱”体验比较表

差异点	自身实战生案例	他人实战熟案例
学生“愤悱”难度	以学生为主体，立体挖掘生案例，“愤悱”难度加大。	熟案例信息基本固定，无法立体挖掘，“愤悱”难度不足。
学生“愤悱”深度	6人庭审小组，纵深挖掘生案例，“愤悱”工作量变大。	10人至15人庭审小组，常规式研讨熟案例，“愤悱”工作量不足。
教师“启发”后，学生“愤悱”体验	生案例作者“刻骨铭心”模拟学生“感同身受”。	都是模拟角色，学生至多“感同身受”，难有“刻骨铭心”。

总之，本文提出的基于MBA学生自身实战生案例组织模拟法庭方法，能够纵深挖掘生案例，提高庭审小组“愤悱”的过程体验，很大程度上弥补了他人实战熟案例模拟庭审的局限性和不足。本文提出的方法更加符合MBA商事纠纷实际并能有效区分生案例作者、模拟学生“愤悱”体验程度差异，为提高学生自主判案能力提供参考和依据。本科生如何借鉴MBA自身实战生案例模拟法庭的经验以及提供怎样的生案例，是下一步我们要研究的重要课题。

经济法课程案例教学难点及完善路径研究

◎张　霞*

摘　要：经济法以国民经济宏观调控及市场规制为主要内容，具有知识点分散、体系庞杂、技术性强、经济学知识交叉等教学难点。案例能够将复杂抽象的经济法知识点转化为生动具体的运用实例，实现学生“理解—掌握—运用”的教学目标。教师在经济法案例教学中扮演着设计者、引导者、合作者的角色，作为设计者应当及时更新经济法案例，合理配置案例的数量及难易层次，使案例教学发挥深化知识掌握，提高能力素质的作用。作为引导者应当深入研究案例中蕴含的知识点及思政元素，引导学生将案例学深学透。作为合作者应当

*　张霞，广西师范大学法学院教师，法学博士，主要研究方向为经济法学，长期关注于普惠金融、农村金融、金融法治等研究领域。本文为广西师范大学教育教学改革项目“《经济法学》课程思政教学资源研究”（项目编号：2023JGZ03）资助。

配合学生运用法律知识分析解决案例中的法律问题，并力求将法律运用能力推及同类型的法律问题。发挥经济法案例的立德树人功能，培养德法兼修高素质法治人才。

关键词：案例教学；经济法课程；高等教育

案例教学法在大学法学教育中扮演重要的角色，其符合大多数法学院教师的教学习惯与研究目标，也满足大多数学生的职业预期。[1] 学术界对高等教育中的法学案例教学形成了大量研究成果，王晨光（2002）认为，案例教学法从实际案例中发现问题，从实践智慧中提炼原理与规则再用于指导实践的特征能够极大解决经济法的本科教学难题。[2] 李友根（2016）认为，由于现代市场经济国家干预、协调经济活动具有普遍性，经济法教学除了使用国内案例教学，还可以援引参考国外判例。[3] 范水兰（2018）认为，经济法案例教学在介绍案情后应当让学生区分法律事实与非法律事实、提炼案件焦点问题、找相关法条、形成结论并说明理由、对照实际判决进行总结反思。[4] 甘强（2020）认为，教师应当选择体现经济法特性的多领域案例、争议主体具有身份性的案例、体现维护社会整体利益的案例，通过案例教学培养学生的经济法思维。[5] 案例中的法治信息、司法理念既是

---

〔1〕［英］罗伯特·史蒂文斯：《法学院——美国法学教育百年史：19 世纪 50 年代至 20 世纪 80 年代》，李立丰译，北京大学出版社 2017 年版，第 23 页。

〔2〕王晨光：《法学教育的宗旨——兼论案例教学模式和实践性法律教学模式在法学教育中的地位、作用和关系》，载《法制与社会发展》2002 年第 6 期。

〔3〕李友根：《论美国法院判例在我国法学教育中的作用——以〈经济法学〉课程为例》，载《法学教育研究》2016 年第 2 期。

〔4〕范水兰：《论经济法教学中经济法思维的培养》，载《法学教育研究》2018 年第 2 期。

〔5〕甘强：《经济法思维的实践运用》，法律出版社 2020 年版，第 225~235 页。

教学的重要内容，也是法学理论研究的对象。本文以经济法课程教学为主要研究对象，运用教育学、法学理论来多角度分析经济法课程案例教学难点及完善路径。

一、经济法案例教学的现状及存在问题

案例教学将抽象复杂的法学理论转化于具体的运用情景，使学生深入浅出的掌握法律知识，是经济法教学中不可缺少的重要手段。经过对高校经济法课任教师的调研、座谈，经济法案例教学仍然存在诸多障碍，导致经济法案例教学尚未形成完善的体系。

（一）经济法案例设计未形成成熟的模式

一方面，经济法学科体系较为繁杂，教学中过度分析抽象理论往往脱离学生的接受能力，而另一方面，浅尝辄止地介绍法律常识，亦难以达到教学目标。案例教学通过具体的案情使学生融入知识综合运用的练习中，是打通经济法教学难点、痛点的重要途径，对经济法教学具有尤其重要的意义。教学实践中对案例教学鲜见规范性指引，教师是否采用案例教学或是采用何种模式的案例教学大多由教师自由发挥。由于经济法教学案例库的建设机制没有形成，教学中案例的结构也较为混乱，没有对教育内容进行分类整合，缺乏专门的教学设计。实践中经济法案例往往混杂多种法律关系，涉及多项法律条文，理解难度较大，只有通过教师的教学设计将其呈现为适当的难度，才能对教材起到辅助补充作用，帮助学生正确清晰把握经济法知识。经过到各地高校的调研，经济法教学大多局限于教材，对经济法案例教学的重视程度不足，没有将经济法案例教学做为独立的教研项目开展。由于缺

乏专门的案例设计，部分教学案例过于复杂，案例分析结构混乱，教育内容缺乏针对性，这都制约着经济法案例教学效果。

（二）经济法案例内容时效性不足

我国属于成文法国家，对案件的裁判依据成文法作出，法律的修改修订会导致截然不同的裁判结果。每年全国人大都要公布一系列失效的法律法规，依据失效法律法规作出裁判的案件也就失去了参考价值，如果在案例信息系统中不对其进行筛除过滤，与其他案例混同在一起，反而会造成一种信息的混乱，干扰有效信息的凸显。社会发展日新月异，如果法学教育滞后于社会发展，陈旧的案例难以激起学生学习积极性。因此，经济法教学应当及时更新案例内容，通过社会热点事件的分析促进学生学习积极性，带动法学教育的有效性。案例教学总体呈现从知识掌握到实践锻炼及价值观提升的螺旋式上升，在知识讲解的基础上结合社会热点问题培养法律意识，有利于提高学生运用法律知识的实践能力，强化学生法治信仰。但是，部分教师使用的案例内容过于陈旧，有的仍然使用二十多年前的案例，未能根据法律的修、改、废及时更新内容，导致适用已经失效的法律。经过实地走访，很多学校的教学案例的收集整理缺乏常态化管理，没有形成科学有序的收集、整理、检验反馈机制。社会发展中不断出现新的矛盾和现象，经济法案例教学应当随着社会发展及时更新案例，加强理论与实践问题的结合，促进学生提升对法律的运用能力。

（三）经济法案例教学对学生主观能动性发挥不足

宣讲式教育以权威单向灌输为主，而案例教学的知识运用功能需要通过教育者与受教育者双向互动过程实现，发挥学生主体作用及能动性才能形成良性互动。如果仍然采用教师讲、学生听的方式进行案例教学，很难启发学生的思考能力。很多高校都开设了模拟法庭、法律诊所、案例实训等课程，例如：有的高校通过案例分析报告—控辩式辩论—实务讲解的案例研习教学模式，培养学生分析法律问题、说理论证、归纳案件争议焦点等能力。[1] 但是，案例课程的课时及训练量都较小。专门的案例训练课程应当贯彻以学生为中心的教学理念，摆脱“教师讲、学生听”的传统模式，通过翻转课堂、线上线下教学相结合等方式形成学生自主学习，教师辅助引导的教学模式。传统教学的教学内容是预设的封闭性内容，教师以教材为依据可以掌控教什么内容、教多少内容。而以学生为中心的教学是开放式的教学内容，一方面，教师需要提供大量的案例基础资料为学生分析案例奠定基础，学生自行掌握的知识素材也极为丰富。另一方面，学生对案例的分析思路多种多样，知识点掌握程度差距较大，教师对学生进行针对性的引导需要应对学生的个性化差异。案例分析需要经过大量训练才能促进学生的法律运用能力逐渐提高，而课堂教学亦不可能完全采用案例教学模式，因此，需要加强课堂教学与课外活动的衔接。部分学校的课堂案例教学仅仅停留在课堂提问及学生讨论阶段，学生自主制定案例解决方案及进行检验反馈的教学活动开展不足，课堂教学与课外活动结合脱节，学生主观能动性未得到充分发挥。

（四）经济法案例教学对思政要素体现不足

大学生思想活跃，但价值观尚未完全成熟，信息判断能力和

〔1〕 黄胜开、龚玉：《大数据背景下法学案例教学模式的创新与实践——以东华理工大学为例》，载《东华理工大学学报（社会科学版）》2022年第6期。

辨别能力都比较弱，容易受多元文化思潮影响。经济法体现的社会公平、国家整体效率、社会经济秩序理念对学生的世界观、人生观、价值观具有较强的塑造作用。经济法案例教学通过分析案例的法律关系，帮助学生领悟案例折射的道德与法律，通过教育者与受教育者之间“传递—反馈—再传递”的过程促进学生对社会现象的正确理解，形成依法办事、程序公正等理念，并外化为行为准则。经济法的实质公正理念与以人民为中心的社会主义法治理念相融合。消费者权益保护法、金融监管法等既维护了社会主义市场秩序，也体现以人民为中心的法治理念，使学生理解经济实体公平有赖于市场经济的不断完善。经济法案例的价值观引领及法治观念塑造是潜移默化于案例分析中，而不是生硬地在案例中贴上“道德标签”，要求学生记忆背诵。部分教师在经济法案例教学中生硬地导入思政内容导致教学不具有连贯性和系统性，经济法专业知识与思政教育的衔接不紧密，学生难以系统理解和掌握经济法的实质公平等价值追求，难以形成对学生世界观、人生观、价值观的有效塑造。

二、经济法案例教学的目标体系

教学目标决定了教学内容的知识结构、教学活动组织和教学设计。立足经济法课程特征与案例教学的契合点，深入研究经济法案例教学规律，才能真正实现经济法教学的实质性目标、教育性目标和发展性目标，培养德法兼修高素质法治人才。

（一）实质性目标：以案例优化教学效果

从经济法课程内容来看，经济法学科体系庞杂，反垄断、反不正当竞争等法律制度内容丰富。因此，教师将经济法教学案例进行系统化整理，并建立规范的分析结构及定期更新制度，能极大提高经济法教学效果。经济法教学如果仅仅是机械的识记法条和专业术语，没有深入分析经济法体现的市场经济规律，学生将很难融入教学情境。案例教学切合经济法课程特点，教师通过案例教学贯穿经济法知识点，引导学生分析案例的处理思路有利于帮助其理解抽象复杂的经济法理论，从而提升教学效果。经济法案例呈现可通过课程视频、法治话题、法治媒体等多层次多维度营造具体的教学情境，教师引导学生对案例反映的法律关系进行深入探讨，在讨论过程中促使学生检验自己的法律知识并加深理解。

（二）教育性目标：以案例融入思政教育

法学教育包括知识掌握、实践锻炼及价值观提升，总体呈现螺旋式上升趋势。学生通过不断的强化练习，才能对法律技能及法学价值观实现融会贯通。学生解决实际问题的能力往往与其专业知识、价值观、态度、情感的发展相互促进，共同推动学生的综合能力发展。大学生的思政教育不局限于思想政治课程的德育教育，更需要将思政元素结合专业课程的特点，以“润物细无声”的方式提高学生的德育效果。法律制度对权利义务的调节是矫正市场机制缺陷的主要手段，有助于增进社会整体利益。[1]经济法课程贯穿着维护社会整体利益、维护国家利益等爱国主义情怀，与社会主义核心价值观的公正、法治、敬业等价值追求具有内在一致性。教师在教学过程中应当凸显经济法案例体现的维护社会主义市场经济秩序、建设中国特色社会主义、实现中华民

〔1〕 张霞：《农民金融发展权的权利构造与法律实现》，知识产权出版社2023年版，第76页。

族伟大复兴等思政要素，正确引导学生的道德情感和价值导向，促进学生更好发展。

（三）发展性目标：以案例培养学生的综合运用能力

法律具有普遍约束力和权威性，法治社会应通过规则体系尽量将社会问题转化为法律问题加以解决。法律的生命力在于实施，法律的实施在于人。建设法治国家、法治政府、法治社会，实现科学立法、严格执法、公正司法、全民守法，都离不开一支高素质的法治工作队伍。[1] 从学生的职业性发展来看，现实社会中的经济法律关系纷繁复杂，实务中更加重视学生的综合运用能力。因此，经济法教学应当突出教学过程实践性，通过案例教学培养学生的法律实务操作能力。经济法案例选择及教学设计中应当厘清学科知识基础点、重点、难点、考察要点，从多层面多角度去体现教学着力点；在经济法案例分析中贯穿价值判断、法律关系判断两条线索。经济法案例教学通过训练学生分析复杂法律现象的能力，使其尽快适应法律职业的专业需求，成为中国特色社会主义法治事业的建设者。

三、教师在经济法案例教学目标体系中的功能定位

法学即是正义之学，又是治国之学，法学教育肩负着培养合格治国人才的特殊使命。[2] 教师作为教学活动的组织者，在经济法案例教学中发挥着把关者、合作者、引路者等关键作用。

（一）教师是案例内容的“把关者”

案例的信息准确度是正外部性发挥的前提条件，案例的信息

---

〔1〕 习近平：《论坚持全面依法治国》，中央文献出版社 2020 年版，第 174 页。

〔2〕 曹义孙：《中国法学教育三十年：成就、问题与出路》，载《中央社会主义学院学报》2009 年第 5 期。

识别是正外部性发挥的基础性条件，案例适用的监督约束机制是正外部性发挥的保障条件。在信息化时代，互联网成为案例公开和传播的主要渠道。互联网发布案例的主体较为多元，有法信、中国裁判文书网等平台发表大量司法裁判文书，也有各类律师、律师事务所的网站发布经过整理分析的典型案例。案例公开和传播的渠道较为充分，但各种案例信息混杂、良莠不齐。而且，法律依据的变化会导致案件法律关系、实体处理结果的显著变化。裁判案件的法律依据被修改后，原先依据该法律法规作出的裁判也就失去了参考价值。因此，案例质量的检验应当贯穿案例形成过程的前后。当案例的裁判规则落后于立法进展及社会实际需求时，应在案例教学中对其及时筛除过滤。教师充当着案例教育“把关人”的角色，发挥检查、评价、加工等功能，既要保证案例教学内容的政治立场正确，又要保证案例教学内容的准确性。面对丰富的案例资源，教师应当及时对各类案例信息进行筛选和辨别，结合教学难点加强对案例的内容设计、素材优化，扩展学生对法学教育内容接受的宽度，传授学生专业法律知识的同时提升学生法治价值观。高校教师在选择案例教学内容时，要依据学生的学习兴趣及关注热点，从而增强案例教学的效果。例如：涉及学生生活的校园贷、超前消费等现象，高校教师要引导学生运用经济法知识正确认识成本与收益、依法保障自身合法权益。

（二）教师是案例分析的“合作者”

学生的自我意识、独立意识逐渐增强，对国家大事、社会热点有较大的热情和关注。教师对学生的评论行为不应当强行禁止，而是应当履行好良师益友的引导职能，引领学生运用法律知识、法律方法对热点案件进行解释和引导，培养学生独立的法律判断能力，从而养成良好的法治思维。教师在传统教育模式中占据着主导地位，法学教育的内容主要由教师决定。在网络时代，教师传统的“知识权威”和“身份权威”角色正在逐步消解，学生由教育活动中“被动的接受者”转变为“主动的探寻者”。案例教学是以学生为主体的教学活动，教师应当转变将案例教学等同于法律知识传授的理念，成为学生学习成长的“合作者”，引导学生分析法律问题。教师立足于合作者的角度，通过增强学生参与性和体验感，从而提升案例教学的效果。

（三）教师是学生案例分析的“引路者”

“互联网时代的去中心化和法律人的高参与度，让典型案例的产生方式发生变革，从权威发布式转向维基百科（Wikipedia）式。典型案例的产生是由去中心化的众多法律人共同完成的，就可以减少由于案例把关者的个人主观性而可能出现的偏差，也能在这样的互动中被内化为全体法律职业人的认知。”〔1〕不论是判例法国家，还是成文法国家，其对法治的本质要求都具有统一法律适用、追求司法公正的特性。在裁判文书素材充足、案例编撰主体多元的情况下，司法案例迅速增多，量的增长带来了信息的丰富，但同时也使信息的有效性难以体现，让人们在海量信息面前无所适从。由于各种效力层次、各种质量内容的案例混杂在一起，传递的信息较为混乱，学生往往难以梳理出清晰的思路和学习方向。教师开展案例教学应当有针对性的设置案例教学内容，对学生的学习方向进行正确的引导，教师选择案例既要解决案例数量的覆盖面和及时性，又要解决案例质量及理论提炼，实现案

〔1〕 蒋勇：《以法律大数据构建法律职业的新型关系》，载《中国应用法学》2017年第2期。

例教学中“质”与“量”的平衡。教师要以“引路者”的身份对学生进行案例教学，根据学生的发展特点和学习需求有针对性的开展案例教学工作，帮助他们结合自身兴趣深入分析研究经典法律案例。案例教学中及时反馈学生对知识掌握的薄弱点与盲点，针对其存在的疑问及时解答，使其对知识内容的理解更深一步。

四、经济法案例教学目标体系的实现路径

经济法案例教学从案例设计到教学方式、教学环节衔接、课程思政融入等方面均建立在经济法课程特征的基础上，无论案例的制作或传播均应当将知识、技能、价值观的教学目标渗透到具体案例中。

（一）通过科学的案例设计彰显案例的教学功能

案例包括：指导性案例、公报案例、各级人民法院发布的典型性案例等。以案例辑刊形式出版的案例注重对法律适用及实质内涵进行法理分析，对立法精神、法律关系、法律适用效果等分析全面，富有理论研究的学术价值。北大法宝、无诉案例、聚法案例、威科案例等案例检索系统大多借鉴判例法国家的钥匙码建立编码系统，例如：法信码、北大法宝编码系统等建立一套法律数据库引证码，内容丰富，具有较强的实用性。[1] 教师在进行案例选择和设计时要结合学生的学习基础、认知能力等情况，提

[1] “北大法宝”根据法律数据库的内容体系、构架及发展趋势，研发出一套专业化程度高、实用性强的引证编码体系。用户通过页面里专门的法宝码检索框进行法宝码输入后，可以准确查找到所需案例。法信具有“一纲、六库、两引擎”的结构，将各种碎片化法律知识点和案例从海量法律数据文献中提炼出来，具有智能性。通过大数据分析来寻找和当前案件法律事实、法律关系高度匹配的参考案件。

升案例教学的针对性。教学案例分为真实案例和虚拟案例两类，在教学活动中往往交替使用。真实案例具有复杂性和多样性，与知识点的结合点较多，教师可进行一定的删减以突出案例的教学要点。虚拟案例是根据教学内容专门编写的针对性案例，这类案例的教学功能较强，教师设计案例应当注重控制其难度。经过对各类教学实践及案例书籍的分析整理，案例分析的模式主要有以下几种类型，详细内容见下表1所示。

表1

序号	案例专题分类	各类案例的分析结构	案例种类
1	按照“法律部门→法律行为”进行案例专题分类	(1) 具体案例（2至3个）：案情介绍（以判决书的形式呈现）—法条链接—基本事实分析—定性分析—结论； (2) 案例研究的内容与方法：相关法律法规指引—法律制度的理论概括—案件的主要类型—该类案例的分析方法—该类案例分析应当注意的问题； (3) 讨论案例（3至4个）：简要介绍案情（虚拟案例）—提出问题（行为如何定性？违反何种法律规定？应如何承担法律责任？）。	真实案例+虚拟案例
2	按照《经济法学》教材章节进行案例专题分类	(1) 学习重点：总结教材中的主要知识点； (2) 核心案例：案例概要—案例分析（行为如何定性？应承担何种法律责任？）； (3) 拓展案例：针对知识点中的疑难问题介绍针对性的案例—进行理论性较强的案例分析。	真实案例详细分析

续表

序号	案例专题分类	各类案例的分析结构	案例种类
3	按照“法律部门→教学知识要点”进行案例专题分类	多个案例按同一模式呈现： (1) 事实概要：基本案情—法院审理理由与判决结果； (2) 法律评析：本案的意义与影响—本案涉及的核心问题—本案的法理分析； (3) 思考题：围绕法律关系的构成要件进行提问。	真实案例详细分析
4	按照法院立案案由进行案例专题分类	(1) 典型案例：案例介绍—判决结果—涉案焦点问题—案例研析； (2) 案例思政元素分析：制度规范—价值引领。	真实案例简要分析
5	案例融入教材内容	(1) 原理：按照教材的体例介绍基本内容； (2) 案例：根据教学要点设计案例情节； (3) 分析：结合教材内容介绍案例体现的法律关系。	虚拟案例根据教学需要设计

上述案例分析的结构各有其特征，第1类案例分析结构包括真实案例及虚拟案例，体量较大足以涵盖教学内容，而且对知识的讲解也较为透彻，适合对学习基础较好的高年级本科生或是法律专业研究生。第2类案例分析属于点拨式教育，用时较少，对学生进行一定的引导，留下学生自行研究的空间，起到教学课外辅助的作用。第3类案例分析完全立足于真实案例的法理分析，案例本身的分析体例较为完整，但是可能产生与教材教学要点脱节的问题，需要加强与教材的衔接。第4类案例侧重于思政，实际教学中可以与教学案例相互融合。第5类案例融入教材，适合

低年级的本科生用于学习基础知识。

综上，教学实践中应当结合不同的教学需要进行完整的案例结构分析，并将案例分析融入教学设计之中。经济法案例的选择要考量课程知识体系，合理规划案例的数量和难度。教育是具有持续性、阶段性的循序渐进过程，根据学生的认知特征案例教学应当由易到难，首先由教师分析案情简单、法律关系单一的案例，根据学生反馈的掌握情况再逐步分析法律关系较为复杂的案例。在条件成熟的情况下，积极探索经济法教学案例库的建设。借鉴英美法系国家的钥匙码（Key Number System）系统编纂案例体系，通过关键词检索以解构收集同类案例，量化分析归纳类案的推理过程、逻辑分析、裁判依据，将各有侧重点的公报案例、指导性案例、典型案例统筹规划为一个完整的案例体系。

（二）案例教学方式尊重学生主体地位

经济法课程内容繁杂，既要求理论上的专业性，又要求与实践的紧密联系。教师承担引导者和合作者的角色，应充分体现以学生为本的教学理念。教师应以学生自身实际为切入点强化法治热点问题研究，注重调动学生的主观能动性，教师引导学生对案情提出自己的观点和见解，引导学生探究性学习以提高学生分析和解决实际问题的能力。为了高效传递信息，教师可以运用翻转课堂实现线上线下教学资源整合。教师通过互联网教学平台上传案例资料，让学生独立完成预习任务。线下的教学以首先由学生分析案例，教师根据学生分析的情况进行针对性讲解，并对课程难点组织学生开展全面讨论。教师成为促进学生积极学习的引导者，培养学生“自主学习—探索交流”的学习方式，形成课前导学、课中探索交流、课后验收拓展的教学模式。为了优化经济法教学效果，教师应结合教学目标完善多媒体教学素材体系，对应知识点建设专门的教学视频、图片等信息化教学资源辅助教学，实现教学案例、数据、知识框架的可视化、形象化、生动化。

（三）案例教学环节衔接完整

案例分析通过线上的在线课程或微课完成相关的视频学习和测试，学生通过课前的预习熟悉案情并初步形成自己的观点，教师提出案例分析的案情介绍并提出要解决的问题，让学生对照经济法理论先进行分析并得出自己的观点，教师根据学生发言情况给予启发或者发起辩论。教师做一些必要的讲解外，运用自由发言、小组合作与讨论等课堂活动来实施多维度的教学内容。例如：消费者权益保护法的案例首先要求学生分析侵犯了消费者的哪些法定权利，以加深学生对消费者权利的深层认识。在小组合作与讨论环节，要求学生运用相关理论对《产品责任纠纷》一案中的“职业打假人是不是消费者”进行分析讨论以检测对消费者概念的理解程度。教师可以将班级同学分为若干个学习小组，有的小组成员负责事前整理小组学习材料，如社会热点、法条变化、相关裁判案例等，有的小组成员负责在整理材料基础上进一步制作学习汇报的 PPT，有的小组成员负责上台汇报本小组的案例分析。教师应尽量对各个层次的学生进行提问，使得学生高度参与学习，逐步培养学生运用经济法原理解决实际问题的能力。课后教学包括课后练习、测验、第二课堂，有利于进一步完善学生的知识结构，巩固学习效果。综上，教学要以学生能力的成长过程为主要依据，密切结合教学环境、教学资源和教学主题等教学要素。

（四）案例教学融入课程思政

新时代的高等教育应当不断优化培养方式和课程体系，专业课教学结合法治理想、信念教育，从而实现教育价值和教育目标的一致性。经济法教学应当在案例中结合社会主义核心价值观使学生树立坚定的法治理想、高尚的道德情操，筑牢学生抵御各种不良诱惑的思想防线。法治人才承担着维护社会公平正义的职责，只有以国家利益为重，才能抵挡住各种非法利益的诱惑。经济法案例教学中应当将国家宏观调控的知识讲授与爱国主义的思政元素相结合，经济法的反垄断法、产品质量法、消费者权益保护法、税法等案例教学中加强学生对国家利益的认识，培养学生在面对复杂经济事件时坚定维护国家利益。经济法案例教学应当发挥先导性作用，结合法律职业伦理教育塑造学生正确的利益观。在经济主体法律制度的案例分析中传递市场主体法中经营者应当诚信经营，经营者地位平等、不正当竞争和垄断的行为危害社会主义市场经济秩序等理念。税法案例教学中加深学生对纳税主体内涵的理解，真正明白依法纳税是每个中国公民应尽的义务，培养学生遵纪守法的行为准则。本着以人为本的素质教育理念，教师应当将德育与智育相互融贯，在案例分析中融入经济法的公平、效率、秩序价值追求，将思政教育在经济法学科领域做细、做精、做扎实，培育学生对“良法善治”的使命感、责任感。

结语

法学教育是专业教育、专门职业教育、精英教育，应当以德法兼修、教学相长、教研互动、通专并举、虚实结合、内外协同培养德才兼备的高素质法治人才。[1] 在全面依法治国总体要求

---

〔1〕 黄进：《新时代高素质法治人才培养的路径》，载《中国大学教学》2019年第6期。

下，德法兼修高素质法治人才培养为全面推进新时代法治中国建设提供有力的人才保障。高效的经济法案例教学不仅能使学生掌握经济法的法律知识，更重要的是能引领价值观念，使学生自觉成为法治的信仰者、践行者。在中国特色社会主义法学教育理论指导下，教师通过优化整合案例分析结构、案例教育资源、案例教育方式等培养学生法律技能、提高学生法学素养、塑造学生法治信仰，培养造就德法兼修高素质法治人才。

法学双语教学课程的现实困境与突破路径

——以《刑法总论》课程为例

◎王晓晓*

摘　要：法学双语教学与法律英语教学均主要以英语为授课语言，但前者的课程目的、内容与教材选用主要围绕特定部门法展开，对授课师资的法学、英语水平均有较高要求；后者则围绕语言学习展开，仅要求授课师资具备较好的英语语言能力。基于以上认识，在课程形式上需坚持必修与选修相结合，在课程内容上需坚持基础理论与比较研究相结合，以发挥双语课程全面增强学生能力、全过程促进合作科研以及全方位助力学院发展的优势。但目前法学双语课程仍面临缺乏学分配比、课时量有限且缺乏认定机制以及复合型师资难寻等现实

* 王晓晓，海南师范大学马克思主义学院副教授，法学博士，研究领域为大学思想政治教育、数字媒体与高校思想政治教育、文化传播、青年工作。

困境，有待通过优化本科生培养方案、完善课时量认定机制以及加大师资培养力度等措施实现对上述困境的突破。

关键词：法学双语教学；课程培养方案；课时量认定机制；师资培养

一、法学双语教学与法律英语教学的联系与区别

法学双语课程与法律英语课程均涉及法学专业知识，以及该专业知识的准确英文表达。二者的授课语言以及学生参与课堂讨论、完成作业使用语言，均以英语为主，必要情况下也可以使用母语。不可否认，法学双语教学与法律英语教学确有一定相似之处，二者也存在本质差别。法学双语教学往往在特定部门法的语境下展开，而法律英语教学涉及多个部门法的常用表达，这也决定了二者在课程目的、课程内容、教材选用和师资配备等具体方面均存在较大区别。

在课程目的方面，法学双语教学通常以特定部门法为依托，例如国际法、国际商法等部门法，〔1〕致力于以自然语言习得的方式使学生理解和掌握母语之外的工作语言，〔2〕使学生理解和掌握特定部门法的专业词汇与准确表达，增强学生交换使用两种语言处理信息、进行法律实践活动的能力。换言之，语言是法学双语教学的手段，法律知识的习得是其目的。法律英语教学侧重于法律语言的学习，〔3〕致力于提高学生的法律英语阅读、理解

---

〔1〕 目前我国高校的法学双语课程主要体现在国际法领域，鲜有民法、刑法、行政法等部门法领域的双语课程。王超锋：《法学专业双语教学示范课程的“示范性”标准解读》，载《黑龙江教育（高教研究与评估）》2022年第1期。

〔2〕 黄崇岭：《双语教学的理论与实践》，上海译文出版社2009年版，第22页。

〔3〕 樊云慧：《对高等学校开展法学双语教学的思考》，载《高教探索》2013年第1期。

和翻译能力，[1] 法律语言本身即目的。

在课程内容方面，法学双语教学围绕特定部门法展开，以国际商法课程为例，授课体系与国际商法的中文版教材基本一致，包括国际商法的基本规则、规范及规定，并通过案例教学的方式以案说法，[2] 侧重于特定部门法的深入理解。而法律英语教学多以“课文”和“练习”的形式展开，侧重于介绍法律制度、法律职业、法律教育、司法系统、宪法、行政法、刑法、民法等部门法，以及刑事诉讼程序、民事诉讼程序等内容。[3]

在教材选用方面，法学双语教学较为理想的教材有两类，一类是专门为双语课程设计的特定部门法的双语教材，通常为中英文版，涵盖该部门法的专业知识、域外比较等内容；另一类是中文版的主流教材与全英文的部门法教材相结合。法学双语教学的教材选用更多地体现了部门法特色，而法律英语教学的教材相对稳定，受部门法影响小，使用主流教材即可。

在师资配备方面，法学双语教学不仅要求授课教师接受过系统的国内法教育，取得了相关部门法专业博士学位，还要求授课教师具有较高的英语水平。而法律英语课程的师资可选择面较广，通常不要求授课教师具有体系化的法学专业知识，只需要授课教师具备较好的英语能力，法学院、外语学院教师与海外人才符合条件的均能胜任。

---

〔1〕 屈文生、石伟主编：《法律英语阅读与翻译教程》（第二版），上海人民出版社 2016 年版，前言第 1 页。

〔2〕 白泉旺：《国际商法：双语教学案例》，北京大学出版社 2023 年版，前言第 1 页。

〔3〕 何家弘编：《法律英语——美国法律制度》（第四版），法律出版社 2008 年版；张法连：《基础法律英语教程》，北京大学出版社 2017 年版。

二、法学双语教学课程的本土性与国际化

法学双语教学首先是"法学"，其次是"双语"，必须以法学专业课程为目的，以母语、外语为教学手段。目的和内容决定了法学双语教学应立足于中国法治现状，以中国法律、法规、司法实践为基础，以体现课程的本土性。手段与方式决定了法学双语教学课程应放眼全球，以大陆法系与英美法系主要国家的法律、法规、具体案例为基础，以体现课程的国际化。厘清了法学双语教学的概念及其与法律英语教学的区别之后，本文拟以《刑法总论》课程为例，具体阐述该课程的双语教学设计，以及教学过程中遇到的困难与应对路径。需要说明的是，本文所述《刑法总论》双语课程具有一定独特性，该课程独立于本科生培养方案之外，开设时间为学期中，教学内容主要包括中国刑法、英美刑法知识，选用教材为中国刑法教材与全英文的英美刑法教材，授课形式为中文讲授中国刑法知识与案例、英文讲授英美刑法知识与案例，中英文相结合地开展教学活动。

（一）形式上：必修选修相结合、线上线下相结合

法学双语课程设置之初，首要问题是授课群体的准确定位。以中南民族大学法学院《刑法总论》课程为例，该课程开设于法学院本科一年级下学期，其前置课程为《宪法》和《法理学》。在刑事实体法领域，其后置课程为《刑法分论》。《刑法总论》属于专业必修课程，《英美刑法》则属于我院近五年暂未开设的专业选修课程，在形式上，《刑法总论》双语课程实现了专业必修课与专业选修课的有效结合。

法学双语课程对于专业知识和英语水平具有双重要求，课程

形式也需要创新。出于对法学专业知识的要求，最佳选课学生为已修完《刑法总论》和《刑法分论》专业必修课的学生，次优选课学生为已修完《刑法总论》专业必修课的学生，最低要求为正在学习《刑法总论》课程，且已经学习完成中国刑法犯罪构成内容的学生。此外，选课学生需具备较高的英语水平，能够理解全英文教材、课件内容，并较为流畅地表达自己的观点。学生是否达到课程所需的英语能力，以学生自己的评估为主，《大学英语》或《法律英语》不应属于前置课程，大学英语四级、六级分数也不应作为学生选课时的考虑因素。双语课程鼓励试听、允许退课，尽可能确保授课群体为专业基础知识牢固、学有余力、对域外法治感兴趣且语言能力较强的学生。

准确定位了授课群体后，必然面临课程形式的考量。《刑法总论》属于专业必修课程，通常由法学院老师线下讲授。《英美刑法》则属于我院近五年暂未开设此课程，存在师资配备、学生选课等难题。在具体教学实践中，笔者结合自身的英国留学经历，以科技部高端外国专家引进项目为依托，邀请英国导师、英美法系著名学者 Dennis J. Baker 教授以腾讯会议的方式，线上讲授英美刑法知识。Baker 教授通常提前一周在微信群发送课件、阅读材料、课程手册，课程手册中写明每周的课程主题和讨论问题。学生有一周时间阅读文献、尝试回答课程手册中的问题，记录自己学习过程中的难题。线上教学时，由 Baker 教授首先讲授课件所涉知识点，之后同学们针对课程手册中的问题和学习过程中遇到的问题展开讨论。为了实现较好的授课效果，笔者参与了该课程的每一次线上教学，根据不同讨论小组的英语能力和专业知识积累程度适时翻译和解读。

（二）内容上：基础理论、比较研究相结合

在具体教学实践中，为了探寻最佳授课群体和课程内容设置、课程时间安排，对于法学双语课程的开设时间、授课群体进行了四个不同的尝试：

其一，开设于秋季学期，针对大学一年级正在学习《宪法》和《法理学》，尚未开始学习《刑法总论》和《刑法分论》的学生。

其二，开设于春季学期，针对大学一年级已主修过《宪法》和《法理学》的学生，课程开设的具体时间为《刑法总论》课程讲授至"犯罪构成"时。

其三，开设于秋季学期，针对大学二年级已主修过《宪法》《法理学》和《刑法总论》的学生，课程开设的具体时间与《刑法分论》课程同步。

其四，开设于春季学期，针对大学二年级已完成《刑法总论》《刑法分论》学习的学生。

对于大学一年级刚刚接触法学专业知识、尚未开始刑法理论学习的学生而言，双语课程内容主要包括英美刑法的历史、英国文化、英美刑法犯罪化原则、犯罪行为、犯罪意图、被害人同意、刑法上的因果关系。课程内容的介绍性强于专业性。从课堂情况看来，学生大多能够围绕前两个主题展开讨论，对于涉及刑法专业知识的部分，则以"听"为主，笔者作为在线旁听的中国刑法教师则承担了较多的解释说明工作。并且由于学生专业知识的欠缺，笔者主要以中文解释说明，双语课程的效果并不理想。

对于学习过《刑法总论》有关"犯罪构成"基础理论的学生，双语课程的内容则丰富许多，比较研究的色彩也更强。双语

课程内容主要包括英美刑法犯罪化原则、犯罪行为、犯罪意图、辩护理由、被害人同意、刑法上的因果关系、杀人罪等专业知识。对于已经学习完成《刑法总论》所有知识的学生，双语课程的主题还可涵盖共同犯罪。对于已经学习完成《刑法总论》和《刑法分论》的学生，双语课程的内容则涉及刑法分则的具体罪名，例如侵犯知识产权的犯罪、网络犯罪、毒品犯罪等罪名。从课堂情况看来，学生已掌握中国刑法的基础理论，熟悉刑法的基本原则、适用范围、犯罪构成、刑法解释等内容，能够较好地参与全英文课堂讨论，课堂讨论的内容不仅包括中国刑法、英美刑法的犯罪化原则，还包括中国、英国、美国的热点案例，真正做到了双语教学、双语学习。笔者作为在线旁听，主要为学生提供心理支持，鼓励学生用英语表达自己的观点，必要时翻译和解释外国教师的授课内容。

以中国刑法基础理论的学习为前置条件，以英美刑法专业知识作为扩展学习的内容，在《刑法总论》学习至“犯罪构成”时引入英美刑法知识，能够确保学生在刚刚接触中国刑法基础理论时构建清晰的中国刑法理论体系，并在此基础之上概括了解英美法系的运作模式、英美法系与大陆法系的差异，扩展学生的国际研究视野。

三、法学双语教学的优势

无论从学生个体层面，还是从学科建设层面、学院发展层面来看，法学双语教学都具有重要价值与不可替代性。下文将以《刑法总论》双语课程为例，具体阐述双语教学的优势。

（一）全面增强学生能力

在学生个体层面，法学双语教学有助于增强学生的语言能力、比较研究能力和自主学习能力。

首先，法学双语教学以英语作为主要教学、课堂讨论、课后作业语言，学生在课前需阅读大量全英文文献，在课上需根据《课程手册》的问题展开较多讨论，在课后需以英文完成外国教授布置的作业，学生的英语听、说、读、写能力得到全方位训练。不同于法律英语教学，法学双语教学不拘泥于英语语法和发音问题，而侧重于培养学生的英语沟通能力。

其次，法学双语教学注重特定部门法的深入研习，学生参与课堂讨论的前提是熟悉国内法的具体规定和司法实践，在此基础之上学习英美刑法的有关规定、典型案例，并展开讨论。此种形式有助于增强学生的国际视野，使学生从英美法系学者的视角概括了解英美法体系，并与我国刑法基础知识和司法实践相对比，培养学生的比较研究能力。此种比较研究能力的培养也有助于学生在比较法的视域下，深入理解我国刑事立法、司法解释以及司法实践。

最后，双语课程以学生自愿报名参加为原则，课程允许学生试听和退课，促进学生自主学习、自愿学习、自觉学习。在具体操作层面，中南民族大学法学院的《刑法总论》课程共有4个平行班，每班约80人，双语课程的信息由笔者在自己讲授的《刑法总论》课程企业微信群、年级企业微信群内发布，学生自我评估后报名参加。根据学生报名情况，笔者建立8人至10人为一组的微信群，与外国专家共同线上教学。从实际情况看来，通常双语课程开设的前两周，学生之间对课程反馈积极，少量同学首先报名参加后，带动更多的学生报名参加。有的同学看到室友参加双语课程，紧跟其步伐；有的同学看到同桌选课，倍受鼓舞，相互督促；还有的同学听到同一个学习小组的成员对双语课程评价甚高，相约共同学习。《刑法总论》双语课程开设已有三年，在学生之间形成了较好的口碑，有效地促成了良好的学习氛围，培养了较好的学习习惯。

（二）全过程促进合作科研

法学双语教学的本质是合作教学，其优势不仅体现在对学生的培养方面，还体现在中外高校教师的学术交流、合作科研方面。

在《刑法总论》双语课程开设过程中，以高端外国专家引进项目为依托，外国教授在线上举办《不被犯罪化的权利》《危害原则》《侵犯知识产权犯罪》等主题讲座，讲座不仅激发了同学们对英美刑法的兴趣，同时还使同学们明白辩证思维、批判思维、原创思维的重要性。法律并非一成不变，而是随着时代变化而发展的，应以发展的眼光看待。此外，讲座也促进了教师之间有关危害原则、冒犯原则、社会危害性原则等内容的有益交流，此类讨论最终形成了文字，发表于国内外主要期刊。

在面向法学院师生的学术讲座之外，中外教师之间也多次展开有关英文学术论文撰写以及教学经验的交流。一方面，法学双语课程的开设有助于我院老师获得法学领域著名学者有关英文论文选题、论述的宝贵指导；另一方面，也有助于我院老师在完成英文论文并投稿时，获得有关期刊的宝贵建议。双语课程讲授过程中，联合了武汉大学等知名高校的师资力量，共同研讨理论和实践问题，在良好沟通和研讨的学术氛围下，我校教师完成了多篇高质量英文论文的发表，以及一本国内影响广泛的中文译著《不被犯罪化的权利》的出版。

（三）全方位助力学院发展

在学科建设方面，《刑法总论》双语课程有助于解决我院《英美刑法》《比较刑法》课程建设问题、英美刑法研究工作支撑不足问题。

在人才培养方面，双语课程有助于增强学生竞争力，扩宽学生就业渠道。我院近五年的本科生培养方案中，暂未开设《英美刑法》《比较刑法》课程，《刑法总论》双语课程基本涵盖了《英美刑法》《比较刑法》课程的核心内容，可谓课程设置调整的有益尝试，有助于在国际化视野下，进一步完善本科生培养方案，紧跟当前涉外律师法律硕士方向、网络法硕士方向对于人才培养的需要，有针对性地培养人才。此外，法学双语教学为学生提供了必要的全英文研讨机会，不仅锻炼了学生的英语口语能力，更加锻炼了学生的法学专业知识的英文表达能力，为学生今后出国深造奠定了坚实基础。从研习过《刑法总论》双语课程的学生毕业去向看来，就业率很高，且实现了就业多样化，保研、出国留学、考研上岸者比比皆是。

更加值得一提的是，双语教学看似仅面向学生，实则更多地关涉中外教师之间有关备课、课程进度、学生个体差异等内容的具体交流。双语课程正是中外教师相互交流教学经验、教学技巧的最佳途径，双语课程的进行过程可谓最佳交流时机。学院是由每一个教师组成的，教师们在教学、科研领域的发展也能带动学院的发展。在《刑法总论》双语课程的建设过程中，我院参与授课的教师在校级教学竞赛中也荣获奖项。

四、法学双语教学的现实困境

（一）缺乏学分配比

中南民族大学法学院开设的《刑法总论》和《刑法分论》作为专业必修课，共 48 个课时，3 个学分。我院目前共四类班级，包括法学专业本科班级、荆楚卓越法律人才实验班级、西部卓越法律人才实验班级、知识产权专业班级，与域外法律、比较研究相关的课程仅有《英美合同法》《外国宪法》《外国行政法》《外国法制史》。其中，西部卓越法律人才实验班仅开设有《外国法制史》，另外三类班级开设有上述四门课程。近五年，对于上述四类班级，均暂未开设《英美刑法》《比较刑法》选修课程。

本文所述《刑法总论》双语课程是《刑法总论》专业必修课之外，在学生的业余时间开展的、由学生自愿选课的课程。该课程并未纳入我院本科生培养方案，不计算学分，也不在期末考核学生的学习效果。尽管每次开课后的第 1～2 周，选课学生会增加，但是选课学生总数十分有限，约占年级总人数的 10%。一方面，由于该课程具有一定选课门槛，不仅要求学生研读过《刑法总论》至“犯罪构成”章节，还需要学生具有较高的英语水平。另一方面，对于法学院的学生而言，培养方案对学分要求较高，课程种类和课时量均较多，即使选课、认真研读《刑法总论》双语课程也不认定学分，难以调动学生积极性。

（二）课时量有限且缺乏认定机制

正如上文指出，《刑法总论》双语课程对于授课群体的最低要求是研读过《刑法总论》至“犯罪构成”的学生，即至少为正在读大二且完成了前 6 周学习的学生。我院《刑法总论》课程共

48 个课时，开课时间为第 1~18 周，学期内，第 17~18 周为实践教学周，第 19~20 周为考试周。从学生的学习、备考实际情况看来，大多数学生在课程结束后集中复习备考，这意味着从第 15 周、第 16 周开始，学生的主要精力从学习新知识转移到巩固已学知识。对于《刑法总论》双语课程而言，真正可利用的时间只有第 7~14 周，按照每周一次课，每次课 3 个课时来计算，总共有 24 个课时，课时量远低于一般选修课的课时量（32 个课时）。

此外，对于教师而言，在培养方案和选课系统之外讲授《刑法总论》双语课程不计算工作量，也没有课时费。教师纯粹出于自愿开设此门课程，为了给学生提供打开国际视野、锻炼英语表达和比较分析思路的机会，投入了宝贵的时间和精力，但得不到政策支持，这就导致原本稀缺的法学双语教师资源变得更加稀缺。

（三）法学双语复合型师资难寻

法学双语教学对师资力量提出了较高要求，教师需同时具备国内法、国外法的体系化知识，以及较为专业的英语能力。通常而言，兼具较高英语口语表达能力和法学博士学位的教师多为青年教师，而青年教师往往面临着获得固定编制、养家糊口的双重压力，对于真正有益于学生但“出力不讨好”的教学改革，往往心有余而力不足。另外，我院 2023 年最新的招聘启事中，已不再要求海外留学经历。[1] 尽管入职面试能基本确保应聘者具有较高的英语水平，但难以确保应聘者具有一定留学经历、切身感受过特定文化背景下域外法律的具体适用，师资力量的匮乏也使

〔1〕《中南民族大学法学院 2023 年教师岗位招聘启事》，载中南民族大学法学院官网：https：//www. scuec. edu. cn/fxy/info/1061/3339. htm，最后访问日期：2023 年 11 月 27 日。

得法学双语课程难以开展。

五、法学双语教学的完善路径

（一）优化本科生培养方案

第一，增加本科生比较研究课程的种类与课时量。目前我院开设的比较研究课程仅四门，只涉及宪法、行政法、合同法、法制史的相关知识，缺乏其他重要的部门法，例如民法、刑法等的比较研究课程。且目前四类涉及比较研究的课程中，西部卓越法律人才实验班级仅可选修《外国法制史》，学生的选择十分单一。可考虑在四类班级中，分别开设比较研究课程，丰富课程种类，供学生根据自身学习情况和兴趣选修，把选择权留给学生，促进学生自主学习、自愿学习、自觉学习。此外，还可考虑增加涉及域外民法、域外刑法、域外知识产权法等知识的比较研究课程，丰富本科生比较研究课程种类。比较研究课程的有效建设必须有课时量的保障，可考虑将增设的比较研究课程的课时量设定为32个课时，与通常专业选修课的课时量一致，确保学生有一定的学习时长，真正学有所得。

第二，增加本科生双语课程。目前我院开设的比较研究课程中，仅《英美合同法》课程同时开设了中文课程与双语课程。我院开设的其他双语课程包括《证据学》《国际知识产权制度》《国际商法》《国际法学》《知识产权法学》，双语课程并未涵盖主要的部门法，仍有提升空间。从《刑法总论》双语课程的学生反馈和就业去向看来，有的学生毕业后回到原籍地进行中文、英文、藏语、维吾尔语的互译工作，有的学生毕业后出国深造，法学双语课程有助于学生打好坚实的语言和文化基础。可考虑根据师资情况增设本科生双语课程，尽可能使双语课程的内容涵盖主要部门法，增强学生就业升学的竞争力。

（二）完善课时量认定机制

本科生培养方案的修改并非一朝一夕即可实现，在培养方案尚未完善之前，可考虑对“加班”授课的教师一定程度上认定课时量，以鼓励教师利用课余时间从事真正有益于学生的工作。在具体操作层面，可考虑由教师将本学期拟开展的培养方案之外的双语课程信息提交给学院，包括课程名称、教学大纲、教学安排、选课人数上限、教材等内容，并由拟开课的教师试讲一次，再由学院审核后决定是否予以支持，进而认定或折算课时量。此处所指的“培养方案之外的双语课程”并非培养方案之外的任何双语课程，而应当是有教研项目为依托，或者学院、学校之间的交流合作项目为依托的课程。这样的双语课程课时量认定机制对课程和授课教师都提出了较高的要求，从学院的角度来看，是否予以支持仍取决于学院，一方面能确保拟开设的双语课程真正为学院、学生所需；另一方面也能确保授课教师真正有精力、有能力建设好这门课程。从授课教师的角度来看，可谓受到了双倍鼓舞，学院的肯定与课时量的认定都能促进授课教师加倍努力、用心培养学生。

（三）加大师资培养力度

师资力量既是法学双语教学的灵魂，也是其重要保障。[1] 法学双语课程的最佳师资配备既非外语学院教师，也非直接引进

〔1〕 江波、王卓煊、程港：《民族院校双语法学实践教学的现状、问题与出路——基于三所高校的案例分析》，载《民族教育研究》2020年第6期。

的海外人才,[1] 前者缺乏法学领域的系统学习，难以完全掌握、讲授特定部门法的深意；后者缺乏对国内司法实践的了解，难以立足国内法现状。其最佳师资配备有两个要求，其一，教师深入研修了国内法学专业，具有法学博士学位；其二，教师具有较长时间的海外留学经历，获得海外硕士、博士学位者最佳。具有法学博士学位是高校法学教师的基本要求，确保教师对特定部门法有体系化的认识，对特定主题有深入的研究，具备一定科研和教学能力。而较长时间的海外留学经历能够确保教师真切感受域外真实社会文化背景中，法律法规的具体适用，真正理解其法律背后的深意，以及中国法与域外法规定相似或相悖的根本原因。符合这两个要求也意味着教师在熟悉国内部门法基础知识与具体应用的同时，也具备对国外法的基本理解，能够在双语教学中扩展学生视野，带领学生从比较研究的视角分析问题、解决问题。

然而具有法学博士学位的教师易得，兼具海外留学经历且语言能力过硬的教师难寻。可考虑将前者作为必要条件，有针对性地培养教师的语言能力，鼓励教师海外访学。在教师语言能力的提升方面，可考虑以学院为单位，组织有意向开设双语课程的教师参加英语培训，注重特定部门法的专业表达。还可支持教师前往已开设双语课程的学校交流、旁听、学习。在海外留学经历方面，可考虑学院以资金和政策支持教师前往英国、美国、德国、法国、日本等主要国家交流、学习，鼓励教师在海外法院、检察院参观实习，切身实地地感受域外法律的具体适用。

---

〔1〕 王超锋:《法学专业双语教学示范课程的“示范性”标准解读》，载《黑龙江教育（高教研究与评估）》2022 年第 1 期。

法学虚拟仿真实验教学平台建设研究

◎陈　健　林沐政*

摘　要：我国法学虚拟仿真实验平台的建设处于起步阶段，相较于理工农医领域存在着规模较小、数量较少的情形，并存在建设理念、教学资源和运行过程中的具体问题。建设理念层面反映为工具化的错误认识。教学资源层面表现出课程项目的有限性和缺乏开放性，运行过程层面存在着产出不足和激励缺失的现象。应当梳理对法学虚拟仿真实验教学的正确认识，以虚拟课堂的开发和共享为平台建设的核心，激励师生主动参与平台建设以提升运行效果。

关键词：法学教育；虚拟仿真实验平台；法学虚拟仿真实验教学

* 陈健，中国政法大学知识产权法研究所副所长；林沐政，中国政法大学民商经济法学院 2023 级知识产权法研究生。

中共中央、国务院《中国教育现代化2035》中指出："利用现代技术加快推动人才培养模式改革，实现规模化教育与个性化培养的有机结合。"这一要求背后呈现出教育信息化的办学理念和培养模式，对包括法学学科在内的广大人文社科教学和人才培养指出了改革和演进的具体措施，即利用以虚拟仿真技术为代表的现代技术进行人才培养，引导学生在虚拟环境中进行现实实践，从而掌握知识的积累和运用，这与法学学科内在的实践性需求不谋而合。本文将立足于高校法学学科的虚拟仿真实验教学平台建设的现状，思考既有问题和完善对策，探索具有时代特色、中国特色的信息化法学教育模式。

一、我国法学虚拟仿真实验教学平台建设的现状

相比于理工农医领域内较为广泛地应用虚拟仿真技术进行教学工作、构建教学平台而言，法学领域内的虚拟仿真实验教学平台受起步节点较晚、建设时间较短的客观条件制约，较之前者存在着规模偏小、数量偏少的情形。例如，在2014年教育部评审获批的100个国家级虚拟仿真实验教学中心中，仅有中国政法大学法学虚拟仿真教学中心入选在列。但是，随着新文科建设进程中对技术融合的强调和人才培养的实践需求，越来越多的院校以不同形式尝试将虚拟仿真技术融入到法学教育进程中。例如，中国人民大学法学院在数字法学实验室中设置了虚拟仿真实验教学平台，提供数据管理、全文检索等服务；中南财经政法大学《长江生态环境行政公益诉讼虚拟仿真实验》项目入选国家级虚拟仿真教学实验一流课程。除了高校自主建设的虚拟仿真教学实验平

台外，社会层面也出现了相应的技术提供者，如杭州法源软件开发有限公司面向高校提供律师会见提审虚拟仿真项目等法学教育产品，也标志着我国法学虚拟仿真教学平台建设的逐步发展。宏观上观察，我国高校针对法学学科虚拟仿真教学平台的建设，主要有以下几种模式：一是以中国政法大学等高校为代表，专门建设规模较大、内容较为丰富的虚拟仿真实验教学中心，该模式下有利于整合教学资源、实现技术贯通，但存在建设周期长、成本高的固有问题；二是设置“小而精”的法学虚拟仿真实验项目，依托于网络教学平台帮助学生进行特色课程的学习或提供必要技术的支持，该模式有利于各高校发挥自身特色进行立项安排，但也不可避免的存在课程资源有限、实践项目较少的情形；三是通过购买社会层面特定企业所提供的产品和服务的方式，为学生提供虚拟仿真实验下的法学实践体验，该模式优势是建设周期较短、投入成本较低，并且可以获得相对优质的产品和服务，但也会存在诸如缺乏高校自主性的成果产出等问题。上述分类模式并非严格意义上的相互独立和排斥，存在着不同程度的互动与融合，典型表现为实验课程设计中由高校教师提出要求和指导、企业人员进行技术层面的设计和执行。

总体上看，尽管法学学科领域内的虚拟仿真实验教学平台无论是在规模上还是应用上都逊色于理工农医领域，但仍然呈现出向前发展的积极样态，这与国家层面的政策引导和法学学科内在的实践需求密不可分。

二、我国法学虚拟仿真实验教学平台建设中的具体问题

应当看到的是，我国法学虚拟仿真实验教学平台尽管总体上

具有着向前发展的趋势，但仍存在需要完善之处。除前文提及的宏观上呈现出起步较慢、规模偏小的问题和不同模式下的固有缺憾外，也存在更为具体的现实问题。

（一）建设理念层面的工具化

法学教育天然地存在重视规范分析和理论探究的思想，而在实践层面更侧重于面向现实问题，致使虚拟仿真实验在法科教学领域内的适用需要各方进行教育理念层面的内化，接纳法学虚拟仿真实验平台的建设和运行。目前来看，法学虚拟仿真实验教学平台的建设过程中在建设理念层面上可能存在工具化的错误思路。诚然，虚拟仿真实验本身在法学教育中是一项帮助学生体验法律工作场景的工具，工具化应用该方式开展教学本身无可厚非，但在平台建设中需要综合审视该技术可能带来的积极作用。法学是一门以实践性为基础的科学，法学的虚拟仿真实验是在技术变革中虚拟实践所带来的产物，通过模拟现实法律场景的方式实现对法律人才的培养和职业伦理的塑造，是一项教学理念和教育模式层面的变革。

以工具化理念进行平台建设的成果可能是使虚拟仿真实验沦为课堂教学的附庸，最终将虚拟仿真实验平台的建设视为政策引导下的机械工作或课程需要。而虚拟仿真实验本身要求参与者进行全身心的感官投入，平台建设也需要高校投入时间、精力和金钱方面的成本，在建设理念的错误认识将影响法学虚拟仿真实验平台的运行和效果，以负反馈的形式进一步影响后续的平台建设。遗憾的是，受限于传统课堂式“灌输式”的教学模式和我国法学教育过程中承袭自大陆法系国家的“法条分析式”教学思维[1]，将虚拟仿真实验引入法学教学在建设理念层面存在着一定程度的障碍。

（二）教学资源层面的有限性和缺乏开放性

虚拟仿真实验依托于配套的资源配置，需要单独设计特定的课程内容，并辅助于必要的技术设备和教学人员，以该模式进行教学无疑是对高校在师资力量、经费预算层面的一大挑战。目前来看，法学学科内距离规模化应用虚拟仿真实验平台进行系统教学仍然存在较大距离，直接原因在于教学资源层面的有限性和缺乏开放性。

一方面，教学资源的有限性直接反映在课程项目数量上的不足。当前高校的法学虚拟仿真实验呈现出“点状”的教学模式，即主要针对特定知识点设置配套实验，远远满足不了法学人才培养的目的，这也进一步导致了学生对该教学模式的忽视。学生所需要的是覆盖特定案件全流程的“线性”资源，以实现将法条内容和理论学说通过虚拟仿真实验内化的目的，但受限于客观条件的制约这一愿景也难以借助单个高校的努力得到实现。

另一方面，宏观层面解决资源有限性的方式之一是通过各资源控制者之间的开放共享以实现对有限资源的最大化利用[2]，落实到法学虚拟仿真实验平台建设上，就是各高校之间未能实现课程项目的互通开放，而不是仅针对本院校学生投入使用。对受教育者来说，资源内部化的直接结果是无法简便地获取外校课

---

〔1〕 季卫东：《我国法学教育改革的理念和路径》，载《中国高等教育》2013年第12期。

〔2〕 彭洁、白晨：《资源共享系统结构分析》，载《情报理论与实践》2014年第7期。

程；对于整个法学虚拟仿真实验教学模式来说，课程项目的内部化将导致该模式仅能存在于特定高校之中，其结果是整个模式的无法普及，进而影响社会对该模式的认识或导致教育领域内的“马太效应”。

（三）运行过程层面的产出不足和激励缺失

与法学虚拟仿真实验教学平台建设所需要的长期投入相比，平台运行效果可能表现出一定程度上的产出不足。一方面，从受教育者的角度上看，受制于前述高校教育过程中对该教学模式的认识不足和课程项目的资源匮乏，学生对实验的参与热情和收获内容往往不尽人意。另一方面，法学教育中存在教学内容与法考要求、司法实践相脱节的现象，导致学生更倾向于参与现实中的线下实习而非线上实验，进一步影响了平台的运行效果。而从平台建设者来看，高校在平台建设过程中需要高度依赖校外的企业，二者之间的交流偏差和认识差异进一步影响平台的产出成果。即使最终呈现出来的项目可能具有正向价值，但开发过程中时间、精力和经济层面的高昂投入很难在平台运行过程中得到回收。

三、我国法学虚拟仿真实验教学平台建设问题的完善举措

我国法学教育主要以讲授制的授课方式为核心，一定程度上呈现出理论与实际相脱节的情况。尽管案例教学、法律诊所等教学模式陆续引入法学的人才培养过程中，但学生仍然需要在工作中掌握实务技能。以案例教学为例，在大学线下普遍的大班授课模式下，苏格拉底式的教学方法通常难以达到全面覆盖的教学初

衷[1]。从这一角度看，完善法学虚拟仿真实验教学平台的建设将为我国法学教育开辟新的教学模式，具有打破理论与实务隔阂、拓展实践方式和视野的潜力。针对前述问题，以培养具有问题意识、实践思维和实务技能的新时代法学人才为目标，本文试提出以下完善举措：

（一）树立对法学虚拟仿真实验教学的正确认识

建设理念层面的错误认识是制约法学教育与虚拟仿真实验融合的重要原因，法学教育不应当局限于理论传达和言语碰撞，而是以实事求是的态度验证教材上的知识。例如，在涉及诉讼程序的教学过程中，仅按照法条和教材进行复述远不及让学生亲身经历一次诉讼流程。在这里，理工科的实验思维同样适用于法学教育，必须要经过现实中的复现来检验对理论的掌握。而线下参与诉讼所需要投入的时间、精力和金钱成本制约了学生的积极性，但虚拟仿真实验教学能够通过复现诉讼程序帮助学生体验实际流程，并且设置多元的纠纷解决模式帮助学生身临其境地检验课堂所学。此时虚拟仿真实验所扮演的不仅是简单的教学工具，更是从线下教学到线上线下相结合的教学理念变革，也是以虚拟实践提升教学效果的崭新模式。

在建设法学虚拟仿真实验平台的过程中，正确认识这一教学模式要求我们立足实际地检视虚拟仿真实验在法学教育中所发挥的作用，既要避免在申报热潮中夸大其功能和效果，又要防止建设和运行过程的工具化理念。虚拟仿真实验教学并非对传统课堂模式的颠覆，而是以融合的方式参与到这个法学人才培养体系当

[1] 刘燕：《法学教学方法的问题与完善途径——以案例教学为例》，载《中国大学教学》2013年第7期。

中，在扮演提高教学效率、拓宽实践渠道的工具角色的同时，又具备以理论联系实际、传递价值判断的桥梁角色。目前来看，虚拟仿真实验不可能代替传统的教学模式，但为破除法学教育中的路径依赖和条件制约提供了一种富有前景的技术理念。另外，高校要认识到平台建设过程中需要进行长期建设，而非随大流盲目地进行项目申报。法学虚拟仿真实验教学要发挥其在法学教育体系中的独特功能必须要服从于法治人才培养的根本目的，脚踏实地地进行资源投入和成果产出，逐步建设出适应新时代法学教育需要的教学平台。

（二）以法学虚拟课堂的开发和共享平台的建设的核心

教学资源层面的有限性和缺乏开放性是制约法学虚拟仿真实验教学发展最直接也是最核心的原因。没有丰富的课程项目作为支撑，应用虚拟仿真实验拓宽法学教育实践路径无疑是纸上谈兵。法学虚拟实验教学资源的开发应当立足于法律人才培养过程中的实际需要，针对现实中客观存在但教学中难以复现的知识点进行设计。例如，在知识产权法学的教学中，代表性的内容为专利和商标的申请、无效宣告和异议等程序，此类内容可以通过虚拟仿真的体验实现教学效率的最大化。在虚拟仿真实验平台建设的起步阶段，应当有所侧重地进行资源研发，实现虚拟仿真实验教学资源从无到有的积累。

法学虚拟课堂是在前述教学资源积累的基础上进一步实现虚实结合教学模式的法学教育场所。传统大陆法系的法学教育中侧重于对法律概念、法律原理的分析，以此指导学生进行对法律条文的解读和现实案件的涵摄，存在着套路化、教义化的潜在风险〔1〕；而法学虚拟课堂则是立足于法学理论和虚拟实践结合的基本理念，教师不仅引导学生进行“司法三段论”式的分析，还指导学生在虚拟实验的基础上实现对法条的深入理解，同时体验程序与实体规范相结合的案件发展过程。虚拟课堂重视培养学生的问题思维和法律意识，使师生之间的沟通和交流更加具有专业性和现实意义，从而避免纸上谈兵式的学生思维。

另外，加强教学资源尤其是课程资源的开放共享也是整个法学虚拟仿真实验教学体系发展的重要着力点。通过建设高校之间互通共享的教学平台的模式，有利于实现资源的整合和配置，并且能够充分发挥不同高校的特色和优势，避免重复开发等资源浪费和消弭“数字鸿沟”〔2〕。由国家教育行政部门出面建设统一的法学虚拟仿真实验教学平台，再由各高校在交流协商的基础上依照各自优势开发课程资源，是当下促进法学虚拟仿真实验教学发展的有力举措，有利于破解资源不足的现实困境。这一模式并不意味着既有的教学平台被架空，各高校仍然可以保留自主的平台建设，根据院校特色和师资储备等现实情境独立发展，实现高校自主性和法学教育全局性的统筹兼顾。

（三）激励师生主动参与平台建设以提升运行效果

检验法学虚拟仿真实验教学平台建设的核心标准是学生通过参与课程学习能否掌握法学知识和技能，这也是国家通过政策引导高校进行虚拟仿真教学的初衷。目前看来，受前述多方面的原

---

〔1〕 苏永钦、周翔、章程：《从结构与管理观点看法教义学的未来——通过实用教义学的AI化开拓理论教义学的新境界》，载《南大法学》2024年第1期。

〔2〕 吴文哲、季林丹、陈坤：《虚拟仿真实验教学项目建设的挑战与对策》，载《中国大学教学》2023年第10期。

因限制，我国法学虚拟仿真实验教学平台的运行成果不佳。除了前述举措外，直接有效的措施就是激励师生主动参与平台建设。

针对学生而言，高校可以通过开展学分认证、出具课程证明等模式为虚拟仿真实验教学背书，并建立以学生为核心的评价体系判断虚拟仿真实验课程的质量、寻找受教育者的核心诉求进行项目设计和实验完善。另外，高校可以通过引导教师指导学生进行项目开发的模式，结合既有的大学生创新创业激励体系实现多元化的平台建设路径。例如，在综合性院校中，高校可以鼓励由法学专业的学生和计算机专业的学生在教师指导下参与法学虚拟仿真实验课程项目的设计，并将产出成果投入创新竞赛或教学内容中，从而发挥学生的自主性和积极性。

针对教师而言，高校应当提升虚拟仿真实验项目设计在职称评价体系中的比重，并为教学资源的开发者减轻授课负担和提供必要荣誉奖励。同时，高校需要有意识地培养自身的人才队伍，通过设置专职技术教师、工程师岗位，或聘请外界技术专家为兼职人员的方式[1]，逐步建设一支长期进行法学虚拟仿真实验教学平台建设的师资力量，从而避免法学教师同时需要负担传统教学和虚拟仿真实验教学平台建设的双重任务，并有效地降低同外部的沟通成本。

与此同时，应当意识到产出的虚拟仿真实验课程不仅可以作为校内的教学资源，也可以提供给社会各界供作律师、法务人员作为培训素材。高校还应当建立完备的成果转化机制保证课程建设者的知识产权，激励产出更加优质的课程内容。法学虚拟仿真

〔1〕 朱科蓉：《文科类虚拟仿真实验教学中心建设的问题与思考》，载《现代教育管理》2016 年第 1 期。

实验教学平台不仅应当扮演校内教学资源提供者的角色，还应当成为法律体系内新教学成果和模式的孵化器，为社会各界享受优质法学教育资源提供必要的机制支撑，从而形成投入和产出之间的良性循环，进而达到支持高校人才培养的核心目的。

监察法学案例教学的综合改善*

◎屈　新**

摘　要：案例教学是我国高校普遍设置的法学教学课程，监察法学的案例教学受限于监察实践的封闭性，再加上当前监察法学发展时间较短，导致案例教学效果不佳。以中国政法大学的监察法学案例教学为例，其监察法学案例教学存在监察法学案例素材选取困难、案例教学系统性不够、课程评价机制不科学、教师监察实践经验不足、学生对案例学习投入度不高等问题。未来应在对国内外法学案例教学进行比较借鉴的基础上，推动监察法学教学案例库的建设，突出案例的系统性教学，完善案例课程评价机制，创新校内外监察案例实践教学机制，改进教师的教学方法、手段，从而对监察法学案

*　2023年中国政法大学校级教改项目“监察法学案例教学的综合改善”的阶段性成果。

**　屈新，中国政法大学刑事司法学院教授。

例教学进行综合改善，提升监察法学教学效果，进而为我国培养高素质监察法治人才助力。

关键词：监察法学；案例教学；综合改善

一、问题的提出

2022年9月，国务院学位委员会、教育部印发了《研究生教育学科专业目录（2022年）》和《研究生教育学科专业目录管理办法》，“纪检监察学”正式被列入一级学科。纪检监察学科的发展，面临着培养新学科人才、产出理论成果、支持纪检监察事业等重大课题。随着《监察法》《监察官法》和《公职人员政务处分法》等法律的通过，我国监察法律制度体系已经初步形成，对监察法治人才的规范标准也逐步明确。提高监察法学教学质量，培养符合要求的监察法治人才，成为助力国家反腐工作、回应监察实践需求、推进监察法学学科建设的应有之义。案例教学作为法学专业培养的重要方式是实现法学专业人才培养目标的重要路径，在监察法学授课中进行案例教学有助于学生深入理解监察法律知识、培养纪检监察意识。

中国政法大学作为国家“双一流”建设高校，在建校之初就非常重视案例教学，长期以来着力培养学生的法律实务技能，开设了一系列法学案例课程。通过对学生进行案例教学，不仅实质性地提高了学生分析、推理和概括能力，而且在师生互动、生生讨论的形式下，充分挖掘了老师与学生在教学过程中的主观能动性，进而促进了德法兼修人才培养体系的形成。随着全面从严治党深入推进、纪检监察体制改革不断深化，党和国家亟须大量纪检监察理论研究人才和实务人才。为回应实践需要，中国政法大学在2019年前后陆续开设了《监察法学》《监察法规研讨》等相关课程。然而，尽管中国政法大学案例教学取得了一定的成效，监察法学案例教学仍因难以适应学科特点而存在缺乏深度、范围狭窄，内容单一，形式单调等诸多问题。

鉴于此，本文拟立足纪检监察学为监察法治化提供学科保障和理论支撑的新时代要求，结合中国政法大学"双一流"高校建设背景，以中国政法大学为例，分析其监察法学案例教学存在的问题及制约因素，在借鉴国内外案例教学经验的基础上，提出优化监察法学案例教学的具体路径，以期对监察法学案例教学进行综合改善，推进监察法学学科建设，培养新时代监察法治人才，进而推动监察体制改革向纵深发展。

二、监察法学案例教学的现状分析

（一）监察法学案例教学的运行现状

1. 监察法学案例教学的培养目标

中国政法大学监察法学案例教学的培养目标主要有以下几个方面：第一，系统全面的掌握监察法学基础知识；第二，对监察法学原理、价值和理念有深刻理解，了解监察法的发展趋势；第三，把握立法精神与意旨，准确理解监察法律法规的内容；第四，从法理和实践两个层面对监察实践中的典型案例作出客观评析，能够利用监察法学理论知识有效解决实际问题；第五，了解当前监察体制改革的方向和主要内容，能够运用监察法学原理解读相关的监察体制改革措施。

开设监察法学案例研习课程，旨在通过理论阐释与案例研讨相结合的综合教学方法，培养学生"动脑"和"动手"的能力。

一方面，使学生系统全面的掌握监察法学基础知识，监察法的基本原则、原理和价值精神，了解监察立法相关内容，熟悉监察程序；另一方面，能够娴熟运用监察法学原理、价值、原则、制度等来评析具体个案，将监察理论与实践相结合，有效解决实践问题。

2. 监察法学案例教学的运行模式

（1）教师讲授、介绍课程。在案例教学的第一次课程中，首先，由教师从宏观上讲授监察法律制度的改革与发展，向学生引入当前监察法学的前沿问题，使学生从整体上了解监察法学的发展现状及趋势，深刻理解我国监察体制改革的重要内容；其次，由老师介绍本门课程的主要内容、课程要求及评价方式，并公布课前拟定的分组名单，对学生进行分组，要求学生从第二次课程起分组展示案例。

（2）学生自主选择案例并展示。由学生在课下自主选择其小组准备展示的案例素材，并在每次课上轮流以 PPT、辩论会、情景剧等方式介绍、讲述案例。学生需要在描述案情的同时，将监察机关的监督、调查、处置过程，监察证据的转化、法法衔接等监察法学重要的知识点体现在展示中，最大程度挖掘案例内容。

（3）案例研讨、教师点评。在学生展示案例完毕后，由教师对案例中涉及的争议问题组织学生进行讨论，并在讨论结束后对学生展示和讨论所运用的方法、思路以及观点进行总结，给出该研讨案例所涉问题的参考答案，并针对学生案例展示和讨论中未涉及但与该案例相关的监察法理论知识问题，结合学界研究及自己的观点进行补充、升华，最大限度地深化学生对该案例及相关知识的理解。

（4）布置作业，进行考核。课程的评价方式由平时成绩与期末成绩共同构成，分别占总成绩的30%和70%。在小组展示案例完毕后，学生需要撰写一份案例分析报告作为平时作业，案例分析报告的水平是平时成绩评价的重要指标。期末考核方式则是学生根据教师给定的题目撰写一篇涉及监察法学的小论文，由教师进行评阅，最终将平时成绩与期末成绩按照占比权重得出每位学生本门课程的总成绩。

3. 监察法学案例教学的方法与手段

中国政法大学监察法学案例教学采用了多元化的教学方法，其中，主要的教学方法有三种：第一，案例分析的方法。通过以案释法、以案说理，从监察实践中发生的典型案例入手引出监察法学的主要知识点；第二，理论阐释的方法。通过对监察法学所涉及的主要知识点进行监察法学原理以及立法、司法层面的深入解读，使学生不只是了解个案存在的问题，更重要的是理解具体案例所体现的监察法学原理、原则、制度和规则等；第三，集体讨论和重点讲解的方法。主要采取老师引导、学生集中讨论的方式来进行，同时对于主要的知识点，老师要进行重点和深入的讲解。在教学手段上，则丰富多样，包括口头讲授、互动教学、PPT课件等多种方式。

4. 监察法学案例教学的开展成效

总体来说，中国政法大学监察法学案例教学在实施中取得了初步的成效。在监察法学案例教学过程中，通过采用学生展示、教师讲授与课堂讨论相结合的教学方式、研讨课的课堂形式，调动了学生参与课堂的积极性，对学生了解监察法学学科的理论体系、系统学习监察法学学科的基本原理、提高和深化对监察法学学科理论框架的认识起了重要作用，提高了学生的专业素质、语言表达和写作能力，提升了学生的监察素养，为学生逐步成长为党和国家亟需的高级监察法治人才打下了基础。

（二）监察法学案例教学的问题及原因

1. 监察法学案例素材选取困难

案例是案例教学的研究对象，对于案例教学来说，案例素材本身的科学性、典型性至关重要，任何一门案例教学课程，合适的案例素材都是取得良好教学效果的前提。《监察法》作为2018年出台的一门基本法律，监察法学作为一门新兴法学学科，其案例教学素材本身就不似其他部门法如刑法学、民法学等传统法学丰富，再加上监察法所具有的强政治性特征，导致其案例教学素材的选取存在困难。

第一，教程类案例素材缺乏针对性与时效性。目前出版的监察法学相关案例教程，如《纪检监察案例指导》《纪检监察法律法规全书》等，其编写目标为帮助广大纪检监察干部有效提升政治素质和履职本领，掌握执纪执法实践中的业务难点，受众多为监察机关实务人员，侧重实务经验及业务办理。对于监察法学专业的学生来说，案例教学的目标是提升其将理论知识运用于实践的能力，而非单纯的业务办理，因此这类案例素材对于教学来说缺乏针对性，且因其出版的时间问题，多具有滞后性，案例的更新难以满足教学的需要。

第二，指导性案例等判决书过于范式化。中央纪委国家监委发布的执纪执法指导性案例也是监察法学案例素材的来源之一，但是这些指导性案例重要旨而轻论证、重结论而轻过程，缺乏对案件全貌的阐述，很少涉及举证质证、证据采信等程序信息。而案例教学是一个抽丝剥茧的学习过程，其目标之一是培养学生的论证与分析能力，案例办理的全过程都应最大程度成为学生学习的素材。因此指导性案例的范式化使其难以在案例教学中有效使用。

第三，获取监察法学案例的其他渠道匮乏。除通过监察法学案例教程、指导性案例获取案例教学素材之外，部分老师可能通过其他渠道获取案例，如向监察实务部门工作人员了解、在互联网中搜索等。然而前者限于监察案件办理的保密性、政治性，即使获取到典型的、有价值的案例，可能也不适合在课堂中讲授，后者则因网上信息错综复杂，更是难以窥见案件全貌，不符合作为教学案例的条件。

2. 案例教学系统性不够

案例教学具有实践性、趣味性的特点，能够提升学生的案例分析能力、实践能力，但是也因案例教学的“教学工具”为一个个孤立的案例，学生需要从多个没有关联的案例中学习监察法学知识，相比传统的讲授式教学缺乏了教学的系统性，不仅体现在教学内容上，也体现在教学阶段上。

第一，监察法学案例教学中缺乏教学内容的系统性。当前中国政法大学监察法学案例教学课程多是由学生自主搜索、选择案例，很多监察法学理论知识很有可能在所选案例中无法涉及，而部分带有相同理论知识的案例很有可能被多个学生选择，为了课程讲授最大程度覆盖监察法学的全部内容，很多时候需要授课教师补充案例中未提到的理论知识，导致课程讲授缺乏系统性；而且教师难以掌握学生自主选择案例的难度，要么案例对于学生来说太过复杂，要么过于简易和破碎，使得学生学习难以形成系统，有“只见树木，不见森林”之感，不利于学生搭建监察法学知识体系。

第二，监察法学案例教学中缺乏教学阶段的系统性。案例教学是一个由浅入深的过程，尤其对于监察法学这样一门强政治性、实践性的部门法学来说，更应体现出案例教学的规律。当前我校案例教学在案例素材的选取上并未区分教学阶段，即教师并未根据学生的接受程度选择不同的引导方式，这不符合案例教学的规律，对于案例教学阶段系统性的缺乏，导致案例教学效果不佳。

3. 课程评价机制不科学

监察法学案例教学效果在很大程度上取决于课程评价机制，大部分学生出于对课程分数的追求，对这门课程的精力投入以及学习方向，往往以课程的教学评价机制为标准，根据评价的权重分配自己努力的方向及投入度。然而我国的课程评价机制多适应于传统的教学方法，案例教学作为“舶来品”，其课程评价机制出现了明显的水土不服现象，导致影响了案例教学的实际效果。

如上文所述，中国政法大学目前案例教学课程的成绩分为平时成绩和期末成绩，分别占总成绩的30%和70%。平时成绩的评价指标包括课堂考勤、小组案例展示、案例分析报告等，期末成绩的评价方式为小论文。这样的评价机制有很多弊端：一方面，平时成绩占比过低。在这样的课程评价机制中，小组案例展示只占很小的比例，案例研讨过程中的表现占比更低，很可能削弱学生参与课堂的积极性，导致学生在监察法学案例教学中重视期末的小论文，忽视对案例教学过程中的探索、分析、研讨过程；另一方面，平时成绩考核内容、标准量化程度低。主要体现在课程的考核标准中缺乏客观性的硬性指标，考核的总体方式太过笼统，导致成绩评定较为随意。

总体而言，当前对于平时成绩的评定难以较为精准、客观地反映学生学习过程的表现，由此产生的案例教学课程效果很可能形式大于内容。

4. 教师监察实践经验不足

法学学科是实践性很强的学科，法学教育要处理好知识教学和实践教学的关系[1]，法学案例教学更是需要将理论知识与实践经验相结合。因此，在监察法学案例课程的教学中，授课教师本身必须具备较为充足的监察实践经验，才能对学生在案例研讨与分析中进行有效的引导，并对其表现作出正确的评价。但在我国的职称评价体系中，科研占了相当大的比重，许多教师很难有精力与机会参与监察实践，因此，当前既具有监察法学理论基础，也具有监察实践经验的教师寥寥无几，这直接影响了监察法学案例教学的效果。如在监察法学案例教学中，往往会出现法律性、监察实务性内容相互交织的复杂问题，仅用传统的法律解释方法并不能让学生得到信服，如何让法治思维与监察思维共融是目前监察法学案例教学面临的主要问题之一[2]。

教师在案例教学中的作用毋庸置疑，案例课程的教学效果在很大程度上取决于教师对案例的选取、分析及讲解，因此，要想达到案例教学的最佳效果，教师不仅需要具有深厚的理论功底，

---

〔1〕《习近平在中国政法大学考察》，载新华网：http：//www.xinhuanet.com/politics/2017-05/03/c_1120913310.htm。

〔2〕参见西南政法大学监察法学院监察法教研室主任、副教授杨尚东在首届"监察法学学科建设与发展"研讨会上的以《论案例教学在监察法教学中的应用探索》为题的报告，载中国政法大学法治政府研究院官网：http：//fzzfyjy.cupl.edu.cn/info/1021/14025.htm。

而且要有相关的实务经验。

5. 学生对案例学习投入度不高

根据法学教育的国际经验，法学案例教学不仅需要对过往的认知经验进行复现，还要求学生主动参与来进行“知识建构”。在监察法学案例教学过程中，学生的投入度与主体性发挥程度无疑决定着案例教学的最终质量。然而，在当前监察法学案例教学课程中，学生的投入度并未达到应有的标准。

一方面，部分老师的教学方式是学生分组选择案例进行PPT展示，这种教学方法的好处在于可以激发学生学习的主动性，提升学生自主选择案例、探索思考的能力，然而，其弊端也是显而易见的，即不能调动课上所有学生的积极性，很多学生在不轮到自己讲解、展示案例时，在课上对于其他学生的展示并不集中注意力认真思考，甚至可能会“走神”，认为自己展示完自己的案例就“万事大吉”，导致学生投入度不足，最终在案例课上学习到的内容往往局限于自己自主选择的案例中的知识。

另一方面，一直以来，很多学生习惯于传统教学的“填鸭式”教学模式，并不习惯案例教学中学生自主研讨的学习模式，部分学生对于教师安排的课前熟悉案情、查找相关法律法规、课上讨论案件发展等较为消极，对于老师提出的问题、学生案例展示中存在的争议点的讨论参与性不高，师生互动性不够，甚至出现课堂沉闷的现象，难以激发学生参与的兴趣和热情；或者部分同学难以突破自身的心理障碍，缺乏表达勇气，导致案例研讨过程成为少数同学的主场，其他同学只是“搭便车”，使得研讨课又实质意义上成为了讲授课，难以达到理想中的案例教学效果。

三、国内外法学案例教学的比较借鉴

（一）国内法学案例教学的比较借鉴

我国其他高校案例教学实践各有特色，探索并发展了不同的模式，效果显著。笔者选取了较具有代表性的几所高校，对其案例教学模式进行介绍，希冀探索其有益经验，为我国监察法学案例教学的综合改善提供借鉴。

1. 国内其他高校法学案例教学的实践模式

在北京大学的案例教学中，不同部门法学的教学实践模式并不完全相同。如刑法案例课程采取鉴定式、论辩式和实战式的三阶段开设方式。鉴定式阶段主要是按照三阶层的体系反复训练基础知识，提高说理的体系性和逻辑性。论辩式是在鉴定式的基础上开展论辩，由学生针对同一个点分别撰写控辩双方的多个理由，从各个层面去训练正反说理的能力。实战式则由授课教师联系律师获取原始卷宗，要求学生提前阅读原始笔录和证据，自己形成意见，最后把承办律师请来现身说法，以供同学们对照、反思；在刑事诉讼案例研习课程中，教师会穿插讲座、旁听、模拟法庭等活动，讲座的时间一般安排在期中，模拟庭审安排在最后，旁听审判是在模拟庭审之前的预备活动，以提高学生参与的积极性，增强其对刑事诉讼实务的认识；在民法、民诉法学案例教学中，主要以助教会、小班讨论课、大班讲授课逐次递进来联动讲解、回顾知识点，助教的定位是“主持人”而非“老师”，在课程最后还会为优秀作业颁发奖品；宪法案例研习的定位是理论型案例课程，使学生在案例中领会法政治学、法经济学的理论，以法政平衡为培养目标，培养学生从法律到政治的能力；在财税法案例研习中，若涉及跨学科的交叉问题时，教师通常会邀请其他专业的老师一同参与课程，就交叉问题发表真知灼见。

武汉大学探索了从案例教学到案卷教学的实践方式，教学主体为一位主讲教师加多位“教学合伙人”，教学合伙人包括本单位的教师、检察官、法官、律师等。该课程由一起真实且有一定难度和代表性的刑事案件为素材，师生共同研习，与传统案例教学不同的是，该课程侧重培养学生的阅卷能力，每个学生对应分发该案的整套刑事卷宗，以达到对案件事实的全面把握。除此之外，教师还极为重视贯彻学生刑事一体化的观念，在授课时，教师将实体与程序融贯一体，强调培养学生的一体化思维。

西南政法大学则采取刑事疑难案例双师同堂教学模式，其特色在于师师、师生与生生之间的沙龙式研讨。首先，在教学主体上，一般为刑法学与刑事诉讼法学专业的老师合作教学、共同主持，除此之外，还会邀请具有丰富经验的实务人员；其次，刑事疑难案例双师同堂教学模式不仅注重师师之间的有效互动，也着力培养学生自主思维的能力，鼓励学生大胆提问，推崇“不唯师、不唯上、不唯权”的学习理念[1]。

另外，中央财经大学法学院采取了“案例研习+模拟实训+规范化学习”三位一体的实践课程体系；华东政法大学的民法案例研习课程分为初阶、中阶、高阶三个阶层，分别由不同年级的本科生和研究生进行学习；西北政法大学案例教学分为鉴定式案例研习和论辩式案例研习两种方式，教学过程主要包括理论教学、分组讨论、对抗练习三个部分。

[1] 陈伟：《刑事疑难案例双师同堂教学模式的反思与改革》，载《海峡法学》2017年第2期。

2. 国内其他高校法学案例教学的有益经验

（1）教学主体多元化。国内其他高校在案例教学中多采用多元的教学主体，如武汉大学的“教学合伙人”、西南政法大学的双师同堂教学模式吸收了法官、检察官、律师等作为教学主体辅助案例教学；北京大学的财税法案例课程重视交叉学科之间的交流与探讨，在涉及交叉学科问题时，邀请其他学科教师一同参与授课等。教学主体多元化有助于学生更深刻地学习案例背后所蕴涵的知识，更直观地感受案例承载的实务经验，取得了良好的教学效果。

（2）贯彻实体、程序一体化思维。武汉大学极为重视培养学生实体、程序一体化的思维能力，在刑事案例授课时会反复提醒、贯彻刑事一体化的角度和内容，促使学生将实体与程序内容灵活掌握；西南政法大学的刑事案例教学主体包括刑法和刑事诉讼法学专业的老师也反映了其对学生将实体、程序知识融贯一体的要求。在教学中贯彻实体、程序一体化思维有助于学生将学过的实体与程序相关知识融会贯通，提升学生分析案例的综合能力。

（3）在案例教学中穿插讲座、旁听、模拟法庭等活动。国内其他高校大多将案例教学与讲座、模拟法庭等活动一同开展，如北京大学的刑事诉讼法学案例研习中穿插讲座、旁听、模拟法庭等活动，中央财经大学开设了实践课程教学体系等。在案例教学之外，辅之以讲座、旁听、模拟法庭等多元化的实践活动，有助于调动学生学习的积极性，使学生近距离接触、了解司法实践，提升案例教学效果。

除此之外，北京大学的民法案例研习将助教作为案例教学的

"主持人"协助教学、武汉大学探索的案卷教学模式都可为我国监察法学案例教学的综合改善提供经验参考。

(二) 国外法学案例教学的比较借鉴

在法学的实践性教学中，目前世界影响最大的案例教学模式主要是以美国为代表的"个案教学法"、起源于美国并风靡全球的法律诊所教育以及以德国为代表的"鉴定式案例研习"[1]。

1. 国外法学案例教学的实践模式

(1) 个案教学法。美国殖民地时期采用最主要的法学教学方法是起源于英国的师徒式方法[2]，当时的师徒式主要是通过法律实践的过程中对相应的受教育者进行教育，让其身体力行，学习相应的法律技巧[3]。随着美国工业化在十九世纪的飞速发展以及社会的快速变迁，美国法院发布的案例层出不穷，以个案教育为主的传统学徒制越来越无法满足社会的要求，在这一背景下，1870年，哈佛大学法学院院长克里斯托弗·哥伦布·兰德尔(Christopher Columbus Langdell)开创了影响深远的个案教学法(Cases Method)。

个案教学法的原理是在众多判例的基础上，通过归纳推理，将法律原则和理论提炼出来，从而组成一门作为科学的法学。兰德尔指出：有效掌握法学原则和原理的最好最快方法，就是学习那些包括着原理的判例[4]。这种教学方式的宗旨在于通过对法

---

[1] 参见章武生：《"个案全过程教学法"之推广》，载《法学》2013年第4期。

[2] [美]罗伯特·斯蒂文斯：《法学院：19世纪50年代到20世纪80年代的美国法学教育》，阎亚林等译，中国政法大学出版社2003年版，第3~9页，24~26页。

[3] [美]丹尼斯·劳埃德：《法理学》，M.D.A.弗里曼修订，许章润译，法律出版社2007年版，第2~3页。

[4] Amy Raths McAninch, *Teacher Thinking and the Case Method: Theory and Future Direction*, Teacher College Press, Colum-bia University, 1993, p. 64.

律原则和规则的来源进行探究，培养学生思考问题的能力，同时，个案教学法还重视教学与实践的结合，采用苏格拉底式的提问方法，要求学生在课下阅读相关的案例材料，在课堂上教师不直接讲授法律知识内容，而是就学生课下所阅读的材料向学生提问，学生通过教师的引导，从相关法理出发自主探究应当学习的内容。

然而，尽管在美国的案例教学过程中，教学主体由教师本位向学生本位转移，提升了课堂活跃度与互动性，激发了学生的学习热情，其案例教学法仍存在以判例为主体，对大量的制定法关注不够；案例教学耗时太多，复杂繁琐，浪费学生大量时间；过于重视逻辑推理而轻视生活的真实经验等弊端。

(2) 法律诊所教育。法律诊所教育（Clinical Legal Education）最早出现于1893年的宾夕法尼亚大学法学院，该院学生创办的“法律医务室”被公认为第一个诊所雏形。20世纪60年代，诊所法律教育模式开始在全美盛行，至今大多数美国法学院都建立了各种各样的法律诊所，涉及法律的多个领域〔1〕。法律诊所教学方法通过借鉴医学院利用诊所实习培养医生的形式，使学生在诊所教师的指导下参与法律的实际运用，促进其深入理解法律，进而缩小学校内部知识教育与社会职业技能的距离。在法律诊所教学过程中，学生可以接触到真实的案件背景材料和当事人，深入学习咨询、谈判、起草法律文件等基本法律技能，并培养相关的职业责任。〔2〕

---

〔1〕 孟涛：《美国法学教育模式的反思》，载《中国政法大学学报》2017年第4期。

〔2〕 参见［美］罗伯特·科德林：《实案法学教育的道德缺失》，载［美］维吉尼亚·赫尔德等：《律师之道》，袁岳译，中国政法大学出版社1992年版，第123页。

在师资方面，美国法律诊所要求指导老师具有丰富的实践经验，但法学院的教师数量难以满足对诊所教师人数的要求，因此在美国，担任法律诊所指导教师的人员主要由作为兼职律师的法学专业教师、具有丰富实践经验的执业律师以及有一定社会地位的退休法官、检察官、律师等构成；在法律诊所对学生的评价方面，美国法律诊所教育对学生的评价主要包括教师对学生的综合评价、小组成员评价、当事人评价以及学生自我评价，并将定向评价与定量评价有机结合。

（3）鉴定式案例研习。所谓鉴定式（Gutachtenstil）案例研习，是指德国法学院在教学中所采用的一种案例分析方法。“鉴定式”系“判决式”的对称，用于强调此种方法先假设所有可能的情况、再逐一进行论证、最后得出结论的特点〔1〕。鉴定式案例研习方法要求学生对于法律问题严格遵循设问—定义—涵摄—结论的步骤，从实证法出发解答案例，若无法通过三段论得出结论，则要求学生根据公认的法学方法论解释法律乃至填补漏洞；并且在涉及相关的法学理论争议时，鉴定式案例研习要求学生尽可能展现所有相关学说，给出选择并说明理由。鉴定式案例研习的重要特点就是任何结论都必须通过逻辑推导出来，注重论证过程，环环相扣，言必有据。德国法学院的学生通过旷日持久地进行鉴定式案例研习训练，帮助他们熟悉并体系化理解了实证法规定、加深了对理论知识的理解、提高了法律思维能力以及输入和输出能力。

2. 国外法学案例教学的有益经验

（1）教学本身应与实践相结合。在案例教学过程中，教学本

---

〔1〕 夏昊晗：《鉴定式案例研习：德国法学教育皇冠上的明珠》，载《人民法治》2018年第18期。

身就应与实践相结合。如美国的“个案教学法”，强调学生像律师一样思考，老师通过提问引导学生，由学生对问题进行自主探究，让学生在探索中学、在思考中学，而非老师直接将结论告诉学生。由此，在教学过程中培养学生的法律思维、探索精神，促进学生自主学习。

（2）注重培养学生的职业素养。案例教学不应只承担实践教学的功能，还应通过学生对真实案例的分析与理解，培养学生的职业素养。如美国的法律诊所教育，就格外重视对学生职业责任的培养，通过让学生身临其境地感受真实案件的运行过程，对法律职业进行深入的了解，进而培育学生的职业伦理，提升法律素养。

（3）重视案例的分析推导过程。案例教学过程最重要的是得出结论的过程而非结论，如德国的鉴定式案例教学方法，就将法律的适用、法律思维的形成、对法理的理解相互融合，重视案例的分析推导过程。德国这种要求学生论证有据、重视逻辑推理的教学方法，有助于提升学生的法律分析能力，使其形成严谨的法律思维。

四、监察法学案例教学的综合改善

（一）推动监察法学教学案例库的建设

如上文所述，当前监察法学案例教学受限于监察实务部门的保密性、政治性，符合教学条件的案例较少，案例来源渠道匮乏，难以达到教学要求。笔者认为，可推动监察法学教学案例库的建设，为监察法学案例教学提供条件。具体来说，可从以下两个方面进行建设：

第一，明确建设主体。监察法学教学案例的产生需要联结两大主体，即监察实务部门与国内开设监察法学案例课程的高校，若要达到监察法学案例课程教学的要求，用于教学的案例首先应产生于监察实务部门对案件的具体办理，赋予案例时效性、真实性，由此，可使得用于教学的监察案例呈现各种状态。例如，有需要分析是否属于监察对象的，有需要分析如何处置的，有需要对证据进行论证的，有办理过程中碰到的法律适用疑难的等，促进学生从各个角度进行论证，针对性培养学生对于事实的探究能力、法律思维能力以及监察实践素养；进而由高校监察法学教师根据监察法学知识结构与课程体系对案例进行筛选、整合以及改编，将需要学生掌握的监察法学理论知识糅合进案例中，确保案例教学切实发挥出将理论知识与监察实践相结合的重要作用。

第二，明确建设方式。为给尽可能多的高校提供监察法学教学案例素材，监察法学教学案例库可以利用网络平台，采取高校与监察实务部门联合搭建、资源共享的方式搭建。首先，可由各省监察机关在不影响案件办理与保密性的前提下，将经办的监察案件，以及监察案件的最终处理结果上传至监察法学教学案例系统，形成监察实务案例库；其次，各高校监察法学教师登录系统查看最新的实务案例，然后由教师根据自身授课需求与安排，对案例进行改编，并将改编后的案例上传至监察法学教学案例库。如此一来，经过一段时间的建设，监察法学教学案例库就会收集一大批由多名监察法学教师改编的实务案例教学素材，为监察法学案例教学创造条件。

除此之外，为保证监察法学教学案例库的良性运转，还可建立监察实务部门与高校监察教师的定期案例研讨制度，促进监察实务部门与理论界的相互交流，形成课堂教学—法律实践的相互指导机制。

（二）突出案例的系统性教学

监察法学案例教学，除了培养学生的思辨能力、表达能力、探索精神，增进其对监察实务的了解，还应将监察理论知识寓于案例教学中，在案例教学过程中深化学生对于监察理论的理解。然而当前我校由学生选择案例进行展示的自由度过大，导致案例所涉监察理论知识碎片化，难以培养学生对于监察法学理论的系统思维。因此，为加强案例教学课程的系统性，应由教师选择适宜的案例发放给学生，在选择时，应注意以下几个方面：

第一，教师应根据监察法学理论知识的体系选择案例。尽管该门课程属于案例研习课程，但是这同时也是将监察法学理论知识运用于实践的过程，在案例研习课程中按照涉及的监察法学理论体系选择案例，可以培养学生的体系性思维，在学生的脑海中逐渐搭建起监察法学知识体系，真正达到将理论学习与实践学习相结合的效果。

第二，教师选择案例应贯彻实体、程序一体化思维，根据重点难点有侧重地选择案例。《监察法》集实体法与程序法于一体，监察法学案例教学自然不能将实体与程序割裂开来，因此，教师在选择案例时应有意识地选择集监察实体与监察程序于一身的案例，培养学生监察实体与程序一体化思维。除此之外，教师选择时还应在知识点覆盖范围尽可能大的基础上具有侧重，可根据学生掌握情况及对于案例的分析效果多次选择涉及监察法学重点难点的案例，对于学生掌握较好的知识点，则可有意识地减少出现次数，从而达到查漏补缺、巩固知识的效果。

第三，教师应根据教学阶段由易到难、由浅入深选择案例。案例教学应由浅入深，尤其是对于学生之前并不了解、也从未接触过的监察法学，若是案例在一开始就较为复杂或者案例难度参差不齐，无疑是不符合教学规律的，也容易打击学生的积极性。因此，教师选择教学案例应层层递进，根据学生的学习基础以及学习阶段选择案例，可借鉴其他高校教学实践模式，根据本科生和研究生设置“初阶—中阶—高阶”不同难度的案例教学，在学生对于该难度层次的案例分析较好时，可考虑在下一次分析时提升案例难度，达到教学目标。

（三）完善案例课程评价机制

监察法学案例教学的目的是培养学生运用法学与监察思维分析并解决监察法学专业问题的能力，激发学生自主性和创新意识，提升学生监察素养。课程评价机制的完善与否决定了学生课程努力的方向以及课堂学习的效果，应当以学生监察法学理论的深入以及监察实践经验的成长为目的，强调学生的参与感与自我体验，即案例教学过程不是评价者对被评价者进行控制，而是学生作为案例学习的主体主动参与和提升的过程。笔者认为，监察法学案例课程评价机制可从以下两个方面进行完善。

第一，增加评价主体。当前监察法学案例教学课程的评价主体单一，主要由授课教师进行评价，然而对于小组分工展示案例的课程，小组内部可能会进行多次讨论，他们对彼此的评价也不可忽视，而且小组是面对整个班级进行展示，班级其他同学对于小组展示案例的好坏的评价也可以在某种程度上反映小组展示的水平。因此，监察法学案例教学课程的评价主体应为授课教师以及全体学生。

第二，提高平时成绩占比权重，量化评价内容，细化评价标准。平时成绩占比过低必然导致学生不重视案例准备及展示、课堂讨论不积极，因此应提高平时成绩占比权重，如占总成绩的50%，甚至更高。而且还应量化评价内容、细化评价标准。可由授课教师制定平时成绩的评价体系，将小组展示案例思路的逻辑性、回答问题的积极性、小组分工的科学性等指标作为平时成绩的评价内容，其各项分值权重根据其教学意图分项设定〔1〕，并将评价体系在课程开课前告知学生，使其明白平时成绩的重要性。

（四）创新校内外监察案例实践教学机制

监察法学案例教学与其他部门法学案例教学不同，其他部门法学案例教学即使采用传统的案例教学方式，由高校教师进行讲授，都能达到案例教学所具有的实践教学效果，因为讲授其他部门法学的高校教师可以通过到法院、检察院、律师事务所等实务部门调研了解相关司法实践，甚至有的高校教师本身就在兼职律师，具有丰富的实务经验，对所讲授的案例实践部分较为了解，因此由高校教师单独对其他法学案例课程进行讲授并无问题。然而，监察法学案例课程的讲授老师不仅大多没有监察实务部门的从业经验，而且限于监察实务部门的封闭性、保密性，他们也很难到监察机关调研、了解监察案件的办理流程，因此，若仍采用传统的高校教师“单师”教学无疑难以适应监察法学案例课程开展现状，无法增进学生对监察实践的深入了解。

笔者认为，监察法学案例教学可采用“学术—实务双师”教

---

〔1〕 参见屈新、吴红颖：《参与式案例教学的实践路径——以刑事诉讼法学案例教学为视角》，载《中国法学教育研究》2019年第4期。

学模式，由原本的高校教师担任学术导师，传授监察法学教学案例中的理论知识，在监察实务部门选拔经验丰富的纪检监察实务专家作为实务导师，为学生讲授该门课程的监察实践知识及经验，并向学生渗透清正廉洁、公道正派的监察思想。另外，监察法学具有交叉学科性，在涉及交叉问题的讲解时，还可参考其他高校教学实践模式，邀请政治学、哲学、党内法规、宪法与行政法学等专业的教师一同参与授课，从而使学生全方位、多角度了解监察法学前沿问题。

在具体实施中，可将监察法学案例教学流程分为三个部分，分别为案例选择—案例研讨—案例总结，首先，应由学术导师与实务导师共同选择适宜的教学案例，并在课前进行充分的交流，明晰彼此该次课程的授课重点；其次，在案例研讨过程中，由具有丰富教学经验的学术导师进行引导，掌控案例讨论节奏，推进研讨流程，调动学生研讨积极性，确保研讨的顺利进行；再次，在案例总结过程中，应充分发挥两位导师的优势，先由学术导师从监察法学理论的角度，总结案例中涉及的监察法学理论知识，深化学生对于相关问题的理解；再由实务导师从监察实践的角度，对教学案例中涉及的实践经验、疑难问题、办理时的注意事项等进行讲解，对监察制度的完善提出更具指向性的建议，促进学生问题意识的培养[1]。

另外，若部分地区因监察实务部门繁忙而无法实现“双师”教学，可建立高校教师到监察实务部门挂职制度，丰富高校教师的监察实务经验，进而解决传统“单师”教学中的监察实践教学

---

〔1〕 参见屈新、张淇：《监察法学研究生培养方案实施的创新路径》，载《中国法学教育研究》2021年第4期。

不足、案例目标难以达到的问题。

（五）改进教师的教学方法、手段

当前学生对案例学习投入度不高的主要原因就是学生的积极性并没有被很好地调动出来，在没有需要自己发言“紧迫感”的时候，很容易对于其他学生的展示出现课堂“开小差”的情况；另外，还有一部分学生并不习惯通过自主研讨的方式进行学习，导致案例教学没能达到应有的效果。笔者认为，若要从根本上提升学生的投入度，使学生从被动接受者变为主动学习者，自主地深度参与案例学习，提升学生的探索精神、研究兴趣和创新能力，应从“以教师为中心”转变为“以学生为中心”，发挥教师的引导作用，改进教师的教学方法、手段，激发学生学习兴趣。

第一，巧设问题，引导学生探索思考。在监察法学案例教学中，教师与学生的地位应为“教师主导，学生主体”，学生在案例课程中主体性的发挥取决于教师是否进行了有效的引导，因此，教师在案例教学过程中应注重启发性教学。一方面，在课前发布案例时，教师应将案例所涉焦点问题一同发布，焦点问题要有递进性，能引导学生由浅入深进行思考。对该案例进行展示的小组在准备过程应将这些焦点问题进行思考，并将其看法在展示时一并提出；对于并非展示该案例的小组，则引导其在课前进行思考，待上课时带着问题或者自己的看法观看其他小组的展示，防止其他同学在课前对案例没有了解，课上丧失兴趣，缺少思考动力；另一方面，教师还应引导学生提问。对于监察法学这样一门具有政治性、实践性、交叉性的新兴法学学科，需要学生主动深入钻研，才能达到良好的教学效果。若学生有时提不出问题，教师就要发挥其主导作用，通过“制造矛盾”引导学生提出有价值的问题。

第二，因材施教，激发学生讨论热情。在案例研讨时，最重要的是尽可能多地调动学生参与课堂讨论。因为传统的课堂讨论极易形成“马太效应”，即表达力强、具有较强自信心的学生很容易成为讨论的主体，而缺乏发言勇气，性格较为内向或者不适应案例研讨的学生则很容易成为其他发言学生的“听众”，难以对案例进行深入剖析。因此，教师应注意分析不同学生的个性特征，区别不同学生的学习基础，因材施教，运用不同的引导方式，使不同性格、不同学习基础的学生都能主动参与进案例研讨的过程当中，如对于沉默寡言、不善言辞或者学习基础稍弱的学生，教师可多与其进行互动，在案例研讨过程中鼓励其表达观点，并针对其观点进一步提问，促进其对自己观点进行补充。

总之，教师在组织案例研讨时，应善于把控讨论氛围和节奏，在关键问题或焦点问题上，要组织学生进行深入而细致的讨论，引导学生主动从多层面、多角度、多维度讨论案件。另外，还可借鉴其他高校的实践教学模式，在教学中穿插多种教学活动如讲座、旁听、模拟法庭等，让学生“身临其境”地接触监察案件，进而激发学生兴趣，活跃课堂气氛。

新时代民族高校本科法学专业实践教学体系构建的六个维度*

◎司马俊莲　邓　浩**

摘　要： 新时代民族高校法学专业建设面临着新的任务。一是要为整个国家推进国家治理体系和治理能力现代化培养卓越法治人才，二是要为推进民族事务治理法治化提供人才支撑。因此，民族高校法学专业人才培养质量的高低，关乎民族地区的社会和谐、民族团结乃至国家的治理目标的达成。民族高校要培养应用型、复合型、创新型高素质法治人才，应着力在实践教学体系的六个维度实现突破，一是结合民族高校的办学宗旨，确立实践教学理念；二是立足民族地区法治建设的实际需要，系统化构建实践教学体系；三是充分利用民族地区的司法资源，协同性建立育人机制；四是强化实践教

* 本文为国家民委教研项目“新时期民族高校卓越法治人才 2.0 培养模式改革研究——以湖北民族大学 法学专业为例”的阶段性成果（项目编号：19041）。

** 司马俊莲，湖北民族大学法学院教授；邓浩，湖北民族大学法学院讲师。

学核心支撑，实质化建设“双师型”教师队伍；五是适应民族高校生源多样性的需求，创新性改革教学方法；六是以提升实践创新能力为导向，精准化完善学生考评机制等。由此，将实践教学体系系统化设计、全过程实施，真正将培养学生的实践技能和创新能力纳入教学核心地位，使之在理论知识、专业技能和职业认同方面实现融贯，从而为民族地区培养高素质的卓越法治人才。

关键词：新时代；民族高校；法学本科；课程体系；系统化

前 言

新时代全面推进依法治国和国家治理体系和治理能力现代化，对法治人才的要求也随之提到了一个新的高度。为此，中共中央作出了《关于全面推进依法治国若干重大问题的决定》（以下简称《决定》），对“创新法治人才培养机制”提出了构建“三大体系”的任务，即“形成完善的中国特色法学理论体系、学科体系和课程体系”。[1] 2018 年 10 月，教育部、中央政法委发布的《关于坚持德法兼修实施卓越法治人才教育培养计划 2.0 的意见》（以下简称《卓越法治人才 2.0》）[2] 中提出了八个方面的具体改革任务和重点举措，其中之一为“重实践，强化法学教育之要。”具体举措包括，要着力强化实践教学，进一步提高法学专业实践教学学分比例，支持学生参与法律援助、自主创业等活动，积极探索实践教学的方式方法，切实提高实践教学的质

---

〔1〕《中共中央关于全面推进依法治国若干重大问题的决定》，载人民网：http://cpc.people.com.cn/n/2014/1029/c64387-25927606.html，最后访问日期：2022年3月26日。

〔2〕《教育部 中央政法委关于坚持德法兼修实施卓越法治人才教育培养计划 2.0 的意见》，载中华人民共和国教育部官网：http://www.moe.gov.cn/srcsite/A08/moe_739/s6550/201810/t20181017_351892.html，最后访问日期：2022年3月26日。

量和效果，最终建成一批一流法学专业点，在教材课程、师资队伍、教学方法、实践教学等关键环节改革取得显著成效。在现代高等教育教学体系中，课程是所有知识传递的载体，是所有宏观改革的抓手，没有课程体系的改革，一切改革最终都将会流于形式，无法实现最初设定的目标。[1] 如今，“法律教育是从事法律职业的必经之路”已成为高等学校法学教育的共识[2]。但如何设置实践课程体系，以培养法学专业本科学生的法律职业能力，仍然是所有高等高校特别是民族高校法学专业建设面临的具体任务。

遗憾的是，目前的民族高等教育研究和法学教育研究都未能充分关注新时代民族高校的法学实践教学体系的系统化建设问题。首先在对民族高等教育研究的研究方面，大多集中在宏观和中观两个层面。宏观上侧重于对民族高等教育的定位、民族高等教育政策以及民族高等教育管理等方面。如杨敏以西南民族大学为例，探讨了新时代民族院校高质量发展的实践逻辑；夏仕武、王皓月基于政策工具理论视角专门对新中国成立以来我国民族高等教育的政策文本进行了分析；陈举对新中国 70 年少数民族高等教育政策的发展历程与基本经验进行了回顾与总结；王世忠、王明露则对改革开放 40 年民族高等教育政策进行了回顾与展

〔1〕　刘坤轮：《我国法学类专业本科课程体系改革的现状与未来——以五大政法院校类院校为例》，载《中国政法大学学报》2017 年第 4 期。

〔2〕　方流芳：《中国法学教育观察》，载《比较法研究》1996 年第 2 期。

望[1]。中观上主要是对民族高等教育的人才培养方案、培养模式进行探讨。如张俊宗对西部民族聚居区高校人才培养模式进行了专门研究，并有专著出版；其他学者如谢娜、涂永波和赵春玉等也对民族地区高校人才培养方案的构建、面临的困境以及对策进行了讨论[2]。但专门从微观层面研究民族高校的实践课程体系的成果则较为稀少。其次在对法学教育的研究方面，多数研究成果集中在宏观上对人才培养模式的探讨，较少针对课程体系改革的讨论[3]。即使与此相关的少数文章，也只是局限于对某一具体的课程设计，缺乏从整体性角度考量整个法学实践课程体系。特别值得一提的是，在实际的法学教学实践中，法律人才的培养制度存在重大的结构性的制度失范问题，既没有建立起相应的职业素养教育养成和职业技能培训的制度，也未能形成法律人

---

〔1〕 杨敏：《新时代民族院校高质量发展的实践逻辑——以西南民族大学为例》，载《西南民族大学学报（人文社会科学版）》2020年第10期；夏仕武、王皓月：《我国民族高等教育政策文本分析——基于政策工具理论视角》，载《民族高等教育研究》2021年第6期；陈举：《新中国70年少数民族高等教育政策的发展历程与基本经验》，载《中国教育科学（中英文）》2020年第6期；王世忠、王明露：《改革开放40年民族高等教育政策回顾与展望》，载《贵州民族研究》2020年第8期。

〔2〕 张俊宗等：《适应与选择：西部民族聚居区高校人才培养模式研究》，中国社会科学出版社2019年版；谢娜、涂永波：《论新时代民族地区高校人才培养方案的构建》，载《民族高等教育研究》2021年第4期；赵春玉：《边疆民族地区法治人才培养的困境及应对》，载《贵州民族研究》2021年第1期。

〔3〕 据笔者搜索，目前在中国知网上与法学实践课程体系相关的文章共有73篇，而真正讨论法学本科实践课程体系的代表性成果则不到十篇。其中代表性成果主要有张胜先：《法学本科实践教学体系研究》，载《中国法学教育研究》2008年第4期；杨珊、于子芮：《法学实践课程体系建设中研讨式教学的探索》，载《高教学刊》2017年第13期；夏利民：《法学实践课程体系建设探索——以北京师范大学法学院的改革为例》，载《中国大学教学》2010年第11期；崔淑霞：《高校法学实践人才培养课程体系的构建》，载《经济研究导刊》2010年第26期；俞德鹏：《基于"平台+模块"课程结构体系的法学人才培养模式的理论与实践》，载《中国法学教育研究》2007年第3期；冯春萍：《我国高等学校法学专业实践教学体系改革研究与实践》，载《海南师范大学学报（社会科学版）》2016年第8期。

才培养模式的有效的整体功能[1]。

本文基于新时代民族高校法学专业建设实际，认为民族高校要实现培养面向民族地区基层的应用型卓越法治人才的目标定位，应在转变教学理念的前提下，重点从六个维度构建实践教学体系，以实现法学实践教学的系统化、全过程、有效性[2]，以此推动并提升民族高校法学专业的人才培养质量，为新时代民族地区的法治建设提供人才保障。

一、新时代对民族高校法治人才培养的新要求

新时代民族高校之“新”在于必须因应国家治理体系和治理能力现代化对法治人才提出的新要求、新期待。为此，教育部及时发布了“卓越法治人才 2.0”的新计划，对法治人才设定了新标准。

首先，国家治理体系和治理能力现代化对法治人才提出了新要求。党的十八届四中全会作出的《决定》对全面推进依法治国作出了战略规划，总目标是建设中国特色社会主义法治体系，建设社会主义法治国家。具体目标是形成“五大体系”“一个共同推进”和“一个一体建设”，即完备的法律规范体系、高效的法治实施体系、严密的法治监督体系、有力的法治保障体系，完善的党内法规体系；坚持依法治国、依法执政、依法行政共同推进；坚持法治国家、法治政府、法治社会一体建设。最终实现科学立法、严格执法、公正司法、全民守法，促进国家治理体系和

〔1〕 霍宪丹：《法学教育的一个基本前提——试析法律职业的特殊性》，载《华东政法学院学报》2006 年第 1 期。

〔2〕 黄素梅、赵海敏：《“卓越计划”2.0 下法学教育内部协调性研究》，载《当代教育理论与实践》2021 年第 5 期。

治理能力现代化。同时，将加强法治工作队伍建设专门作为第六板块单列出来，明确提出了加强法治工作队伍建设的三大任务。其中之一便是要创新法治人才培养机制，要形成“三大体系”，即完善的中国特色社会主义法学理论体系、学科体系、课程体系。最终目标是培养造就熟悉和坚持中国特色社会主义法治体系的法治人才及后备力量。

2021年1月，中共中央印发了《法治中国建设规划（2020—2025年）》[1]（以下简称《规划》），进一步针对法治人才队伍建设提出了新的要求：要深化高等法学教育改革，优化法学课程体系，强化法学实践教学，培养信念坚定、德法兼修、明法笃行的高素质法治人才。

上述《决定》和《规划》的出台，目的在于适应当代中国社会转型发展，实现中华民族伟大复兴和建设社会主义现代化强国的总体需要，伴随这一进程必须推进国家治理体系和治理能力现代化，而推进国家治理体系和治理能力现代化就必然需要相应的新型的高素质的法治人才。其“新”就新在对法治人才的要求更高，要求成为应用型、复合型和创新型的“三型”高素质法治人才。同时，法治人才的适用范围也更广，从过去单一的司法和法律服务领域延伸到立法、执法、司法、监察以及法律服务等领域。高素质法治人才队伍建设，事关全面依法治国事业的推进，事关国家治理体系和治理能力现代化能否实现。正如习近平总书记指出：“法治人才培养上不去，法治领域不能人才辈出，全面依

[1] 《法治中国建设规划（2020—2025年）》，载人民网：http：//politics. people. com. cn/n1/2021/0111/c1001-31995033. html，最后访问日期：2022年4月26日。

法治国就不可能做好"[1]。

其次，"卓越法治人才2.0"对法治人才设定了新标准。2018年"卓越法治人才2.0"提出了新型的法治人才标准。之所以名为"卓越法治人才2.0"，是因为有别于教育部、中央政法委员会于2011年发布的《关于实施卓越法律人才教育培养计划的若干意见》。由原来的"法律人才"改为现在的"法治人才"，虽然只有一字之差，但实际内涵却有极大差别。在人才培养的内涵上，将"法律人才"升级为"法治人才"；在人才培养的方向上，将"立德树人、德法兼修"作为培养方向；在人才培养的品格上，将"明法笃行、知行合一"作为新精神、新理念。与原来卓越法律人才1.0版不同的是，1.0版只是注重技能型、实务型，强调培养学生的职业实践能力。而"卓越法治人才2.0"强调，"法治人才是兼具法律之德性、法律之知性、法律之技性的'三性'全面发展的法律工作者。[2] 为此，该意见特别强调，要"强化实践教学，积极探索实践教学的方式方法，切实提高实践教学的质量和效果。"

由于法学自身的学科特性决定了法学不是一般的人文科学，而是典型的社会科学，它与所在国家和地区的社会发展密切相关，需要对纷繁复杂的社会做出回应。"卓越法治人才2.0"正是在这一背景下提出的。需要我们从法学教育供给侧改革视角推进卓越法治人才培养的创新和发展。需要从单纯服务于司法体制改

---

〔1〕　习近平：《立德树人德法兼修抓好法治人才培养 励志勤学刻苦磨炼促进青年成长进步》，载中国政府网：http：//www.gov.cn/xinwen/2017－05/03/content_5190697.htm#1，最后访问日期：2022年4月10日。

〔2〕　王学男、李楠、彭妮娅：《我国民族教育发展的成就、挑战与对策——〈教育规划纲要〉十年回顾与展望》，载《民族高等教育研究》2021年第6期。

革为主，向立法、执法、行政、守法以及社会治理等全方位国家治理能力和治理体系需要的方向延伸。为此，民族高校法学专业需要在人才培养理念、培养模式、课程体系、质量保证等多方面进行重构，以适应法治国家建设的时代需求。

再次，民族高校自身之功能和定位有新变化。2019年，中共中央、国务院印发了《中国教育现代化2035》，对民族高等教育改革与创新发展提出新期许，对民族高等教育探索新路子、谋求新发展提出新期望。新时代的民族高等教育被赋予了新的使命，那就是要助力筑牢中华民族共同体意识和实现中华民族伟大复兴。习近平总书记指出："我国高等教育发展方向要同我国发展的现实目标和未来方向紧密联系在一起。"[1] 民族高等教育与其它普通高等教育相比，既有共性也有其特殊性和差异性。差异性主要体现在民族高校具有生源类型多样、基础设施差、师资力量相对薄弱、文化环境特殊等方面[2]。一是其生源的多民族成分。据不完全统计，目前我国的民族高校学生的比例基本都在60%以上。如中央民族大学、大连民族大学为60%以上，北方民族大学达65%以上[3]。笔者调查的H民族大学，2021年生源来自全国24个省（市、自治区），共有28个少数民族，占比28.7%。目前该校全校少数民族学生总人数为6231人，占比32.4%[4]。且就业面向也大多为本民族地区。二是其教育目标的民族性。习近平

[1] 《把思想政治工作贯穿教育教学全过程 开创我国高等教育事业发展新局面》，载《人民日报》2016年12月9日，第1版。

[2] 参见谢娜、涂永波：《论新时代民族地区高校人才培养方案的构建》，载《民族高等教育研究》2021年第4期。

[3] 邱世兵：《中国民族院校转型发展研究》，中国社会科学出版社2013年版，第142~144页。

[4] 数据来源于笔者对该校学工处的调研。

总书记指出，民族高校要培养“两个接班人—党和国家事业的接班人、民族团结进步事业的接班人”，这是新时代民族教育工作的根本遵循。[1]《中华人民共和国高等教育法》第8条专门就少数民族地区发展高等教育事业作出了规定，国家根据少数民族的特点和需要，帮助和支持少数民族地区发展高等教育事业，为少数民族培养高级专门人才。因此，民族高等教育在人才培养方案的制定、课程体系设计、人才培养质量的评价等方面必然需要与民族高等教育的实际相结合，在尊重高等教育的规律的基础上，走差异化、特色化的发展道路。

二、民族高校应当充分认识实践教学的重要功能

实践教学有广义和狭义两种理解。狭义上是指学生在教师的指导下，运用所学过的法律知识，直接接触法律实际工作，从而提高自己处理实际问题能力的教学活动。如专业实习、诊所式法律课程、模拟法庭课程等；而广义的实践教学，除包涵狭义的实践教学范畴以外，还泛指由教师指导学生接触社会、了解社会、向社会学习，以提高学生专业素质和综合素质的各种教学活动的总称，包括社会实践、社会调查等。但无论是广义或狭义的实践教学，其核心都强调学生了解社会、适应社会并能有效解决社会的实际法律问题的能力。而这些能力的获得，仅仅依靠课堂教学是远远无法得到的，必须通过潜移默化之熏陶才能使法科学生深入把握法律制度背后的精神和价值，如此才能将法学教育的内涵

[1] 王学男、李楠、彭妮娅：《我国民族教育发展的成就、挑战与对策——〈教育规划纲要〉十年回顾与展望》，载《民族高等教育研究》2021年第6期。

内化为人格特质，以作为行事之准据。[1] 具体而言，实践教学具有以下功能。

（一）训练学生的职业技能

法学教育的最终结果，是要培养法治思维，“像法律人那样思考”，即能够用高超的法律实践技能去解决现实中的具体法律问题。有人将法律职业细化为九项胜任力特征，即个人效能项下的获取成就的动机、拥有极强的自信自我控制的调适；认知能力项下的问题的“双向思考”；过程执行项下的高度关注程序、稳定和精确冲突的管理、疑难下的决策力；人际影响项下的面对情感的敏锐和崇尚服务公众的精神等[2]。美国律师协会（ABA）制定的法律人才衡量标准则包括十项基本技能：即问题解决；法律分析和推理技能；法律研究技能；事实调查；交流技能；咨询技能；谈判技能；诉讼和非诉讼争端解决程序；运作和管理法律工作；认识和解决伦理上的两难问题[3]。无论是九项或是十项，基本内涵都是一致的，即都旨在强调培养学生运用法律思维解决社会纠纷的实际能力。

卓越法治人才目标的提出，倒逼法学教育必须随之转型。改变过去的灌输式教学导致的重理论轻实践问题，由知识传授为主向能力培养为主转变，采用交互式、探究式、沉浸式等教学方法，使学生走出书本、走出课堂，走向社会、走向火热的社会生活。认知心理学表明，科学的研究本身就是一种个体的认知活

---

〔1〕 安静等编著：《民族高校卓越法律人才培养模式研究》，西南交通大学出版社2019年版，第152页。

〔2〕 参见杨力：《中国法学教育的“系统集成”改革》，上海人民出版社2016年版，第62~69页。

〔3〕 安静等编著：《民族高校卓越法律人才培养模式研究》，西南交通大学出版社2019年版，第152页。

动，是一种通过意会认知、整合言传知识获得意会知识来形成个体认知，最终取得科学成就的过程[1]。知识之外还有默会知识，即需要通过学习者主体的感性认识，从内心对知识产生一种体认。可见，课堂教学只能提供一种言传知识，而默会知识则需要学生从法律实践中去习得。而法律的职业技能很大一部分就属于默会知识，它有别于纯粹的理论知识，它需要通过观察、模仿、练习、实践的途径来学习。因此，法学实践教学就成为训练学生实践技能的关键。[2]

（二）涵养学生的职业伦理

习近平总书记在北京大学师生座谈会上谈到，人才培养一定是育人和育才相统一的过程，而育人是本。人无德不立，育人的根本在于立德。[3] 法学教育同样要注重育人。我国法学专业本科教育的培养目标，是要培养具备社会主义法治理念和法治意识，具备良好的科学文化素养，具备系统的法学专业知识、理论水平、实务水平和创新精神，能够在国家机关、企事业单位和社会机构从事法律工作的德才兼备的人才。所谓“德才兼备”，就是要立德树人、德法兼修，学生应成为同时具备为建设法治国家服务的过硬才能与良好的法律职业道德的高素质的法治人才。为此，2018 年教育部发布的《普通高等学校本科专业类教学质量国家标准》（以下简称《国家标准》）中首次将法律职业伦理列为法学核心课程与必修课程。教育部、中央政法委要求：“实现法

---

〔1〕　刘超：《环境法的人性化与人性化的环境法》，武汉大学出版社 2010 年版，第 10 页。

〔2〕　参见《习近平：在北京大学师生座谈会上的讲话》载新华网：http：//xinhuanet. com/2018-0503/c_1122774230. htm，最后访问日期：2022 年 4 月 10 日。

〔3〕　参见《习近平：在北京大学师生座谈会上的讲话》载新华网：http：//xinhuanet. com/2018-0503/c_1122774230. htm，最后访问日期：2022 年 4 月 10 日。

律职业伦理教育贯穿法治人才培养全过程”。法律职业是社会伦理体系的重要组成部分，是社会道德在法律职业领域中的具体体现。美国学者伯尔曼将法律职业的传承作为法律职业共同体的一个重要特征。[1] 当代中国正在推进国家治理体系和治理能力现代化建设，对法律职业伦理有着严格的规范和要求。包括重视执行宪法和法律；以事实为根据，以法律为准绳；严明纪律，保守秘密；互相尊重，相互配合；恪尽职守，勤勉尽责；清正廉洁，遵纪守法等内容。法律职业伦理教育是法学教育的灵魂。它旨在使学生理解法律职业的内在精神和理念，涵养良好的职业道德，以较好地处理法律职业共同体内的关系和法律与整个社会的关系，从而维护法律职业的声誉和尊严。

伦理本质上指一种实践美德，无法通过简单的说教完成，更多的是靠内省与实践。[2] 对法律职业伦理的学习，也必须与法律实践结合起来。这是由于法律自身作为一种社会科学的性质所决定的。法律作为人造的规范制度体系，必须服务于人们方便交往、获取利益、保障安全、满足需要的外在行为和内在精神。在此意义上，法律就是方法，就是工具，就是技巧”。[3] 这些实际方法和技巧的获得，需要个体不断在实践中去体会和感悟。而实践是一个主观与客观交互作用的过程，必须与现实世界进行多层面、多方位的接触。同时又是一个理性和感性交织的过程。[4]

---

〔1〕［美］哈罗德·J. 伯尔曼：《法律与革命——西方法律传统的形成》贺卫方等译，中国大百科全书出版社1993年版，第43页。

〔2〕参见危文高：《法律职业伦理教育的主要问题与反思》，载《法学教育研究》2015年第2期。

〔3〕［意］桑德罗·斯奇巴尼选编：《正义和法》，黄风译，中国政法大学出版社1992年版，第34页。

〔4〕参见冯仕政：《社会学的实践与实践的中国社会学》，载《社会学评论》2022年第3期。

法律职业伦理的涵养不可能从书本上获得，必须通过实践和体验。只有加强实践教学，才能为学生提供各种实践机会，使学生能够不断接触社会和实际生活，增强对职业伦理的切身实践和体验，并将其内化为心，外显于行，从而实现知行合一、德法兼修。

（三）培养学生的综合素质

新时期我国的法治人才培养目标，不仅要求有坚实的专业基础知识，娴熟的法律职业技能，良好的法律职业伦理，还需要具有多元化、全方位的综合素养和能力。即要培养德法兼修，适应建设中国特色社会主义法治体系，建设社会主义法治国家的实际需要的复合型、应用型、创新型“三位一体”卓越法治人才。为此，教育部于2018年专门发布了《国家标准》。强调法学类专业教育的性质是“三育结合”：即素质教育和专业教育基础上的职业教育。《国家标准》对实践教学课程体系提出了具体方案：实践教学课程体系应当包括实验和实训课、专业实习、社会实践与毕业论文，并要求实践教学累计学分不少于总学分的15%。而复合型、应用型、创新型法治人才的培养，其中的任何一项都离不开实践教学的培养。复合型要求有学科的交叉性，不仅要有法学领域内本身的专业知识融合，而且要求与其他的相关社会科学以及现代信息技术的融通，以重塑学生的跨领域知识融通能力以及法律实务应变能力；应用型要求学以致用，真正能够有效地解决实际社会生活中法律问题；创新型更需要探究式学习，以问题导向，在针对实际问题基础上形成创新思维和能力。总之，“法律人才只有具备法律学问、社会常识和法律道德，尚可认识和改善法律、合于时宜地运用法律，才有资格来执行法律。”[1]

---

〔1〕 参见孙晓楼：《法律教育》，中国政法大学出版社1997年版，第12~13页。

除了上述功能外，民族高校在法学实践教学的功能上还有其自身的特殊性。即不仅要实现培养职业技能、职业伦理和综合素养三项基本功能，还要结合“为民族地区服务，为少数民族服务”的“两个服务”精神，特别需要面向对民族地区实际的实践技能的训练。这是因为，民族高校的学生，除了要掌握一般的普遍法学知识之外，还需要熟知民族地区的大量的习惯、习惯法等“地方性知识”。[1] 而“地方性知识”的获得必须依赖于法学实践。

三、民族高校法学实践教学存在的主要问题

法学实践教学体系，是在法学本科教育教学过程中，围绕复合型、应用型卓越法律人才培养目标，通过多种形式实践教学活动，对法学学生专业技能、知识应用能力和职业能力进行综合训练的实践教学体系。该体系主要包括系统化的实践教学平台、层次化的实践教学内容和特色化的实践教学运行机制三个方面。[2] 三者之间相互关联。实践教学平台是基础，层次化的实践教学内容是核心，特色化的实践教学运行机制是保障。

但目前民族高校的法学实践教学的问题恰恰在于其系统化不足，从实践教学理念、实践教学内容到实践教学运行机制等方面都存在着问题。具体体现在以下六个方面。

---

〔1〕 美国学者克利福德·吉尔兹认为：法学和民族志，一如航行术、园艺、政治和诗歌，都是具有地方性意义的技艺，因为它们的运作凭靠的乃是地方性知识。参见梁治平：《法律的文化解释》，法律出版社1995年版，第73页。

〔2〕 才惠莲：《法学本科实践教学体系研究——基于中国地质大学（武汉）》，中国地质大学出版社2016年版，第29页。

（一）实践教学的定位存在偏差

中国的法学教育从设立之初便属于学院式法学教育。这种教育方式把法学当作一种知识体系和学科来进行传授。尽管高校普遍认识到了法学实践教学的重要性，但由于传统惯性的影响，目前的法学实践教学并没有完全产生根本性的转变。如在实践教学的定位上，仍然只是“理论知识”学习之后用于“验证”、“检验”知识的环节或者手段，被放置、安排在人才培养的末端环节，成为法学人才养中的“形式”环节。[1] 法学专业四年学习期间包括公共课、专业基础课、专业必修课等在内的理论教育内容，几乎占到总学分的90%以上，而实践教学所占的学分比例远远不足，达不到《国家标准》所规定的15%的要求。如笔者所了解的H大学法学专业的人才培养方案，实践教学环节主要包括法律诊所、文献检索与论文写作，专业见习，毕业实习和毕业论文（设计）组成。总共34周17个学分，实践学分比例为26.8％。其中，前三者各2周1个学分，专业见习4周2学分，毕业实习12周6学分。毕业论文（设计）12周6学分。法律援助、法律宣传、观摩庭审等实践活动未被纳入。同时，毕业论文（设计）12周6学分，并不属于真正意义上的实践，将其扣除后只剩下22周11个学分。这样算下来，虽然整个实践学分比例占比为26.8％，但整个培养方案的总学分为169个学分中的比例就很低了，只有6.5％。

（二）实践教学模块缺乏系统性

目前的法学专业课程设计多数仍然为传统形式，呈现出理论

[1] 黄进：《创建“即时共享 协同融合 学训一体”同步实践教学模式，培养卓越法律人才》，载《法学教育研究》2015年第1期。

讲授与实践实习分离，实体法和程序法分离，一方面，在教学计划的安排上，实践教学仍然被置于整个教学计划的末端，没有从一体化、贯通性角度设计；另一方面，在对学生成绩的考评上，仍然以静态的结果考评为主，缺乏动态的过程性评价。导致对学生的实践能力和创新能力的培养不符合卓越法治人才的内在要求，更会导致良好的人才培养理念由于缺乏正确的路径而无法最终实现和落实。如笔者调查的H民族大学的实践课程主要有六类，详细内容见下表1所示。

表1 H民族大学2021年法学本科人才培养方案调研表

序号	课程名称	周数	学分	培养模式
1	法律诊所	2w	1	学校
2	模拟审判	2w	1	学校+企业（社会）
3	文献检索与论文写作	2w	1	学校+企业（社会）
4	专业见习（暑期）	4w	2	学校+企业（社会）
5	毕业实习	12w	6	学校+企业（社会）
6	毕业论文（设计）	12w	6	学校
合计		34w	17	-
实践学分比例：26.8%（保留到小数点后一位）				

（此表来自笔者调研的H民族大学2021年法学本科人才培养方案）

通过表1可以发现，在实践课程的设计上存在的问题。一是课程之间的关联度无法体现；二是课程的覆盖面不全面，基本上都属于诉讼技能，而没有包含非诉讼技能，更没有涉及社会调查。

（三）实践教学资源的匮乏性

实践教学体系需要有相应的平台和载体，包括为专业理论知识的学习、运用提供的实践平台、环境或情景，重在真实性或仿真性，以增强学生对法律问题的亲历感，在整个过程之中去培养学生的法律思维、职业伦理和实践技能。如果缺乏这些平台和载体，实践教学将会沦为“巧妇难为无米之炊”的困境。实践教学资源包括针对性的教材、案例库、实践基地等。但目前多数高校的实践教学资源并不充实。一是特色性实践性课程教材建设不足；二是没有收集和整理最新的案例库；三是实践基地的范围较为狭窄，仅限于单纯的法律实务部门，没有将政府机关、公司等含括进去；四是对自身的资源也没有很好地进行利用、开发与合作。如笔者所在的法学专业，与地方人大建立有立法研究与人才培养基地、湖北省知识产权培训基地等。但本科学生没有参与其中，导致资源的闲置和浪费；五是“互联网+”法学教育模式没有充分利用，庭审同步直播、录像观摩、案卷阅览等途径还没有建立共享机制，同时，原始卷宗、动态庭审、录像资料等教学资源匮乏。导致课堂教学与法律实务发展之间的脱节。

（四）双师型教师队伍作用的形式化

实践教学的师资是影响实践教学可控性的最重要要素。据资料显示，“人才培养中天赋占10%，机遇占5%，而教师对培养对象的影响占85%之多。”[1] 笔者所了解的H大学法学专业聘请了校外双师型教师共计30多名，涉及人大、检察院、法院、司法局、律师事务所等部门。他们的实务经验固然丰富，但教学经验则相对缺乏，其教学效果也不尽理想。造成的原因有三：一是没有系统的教学培训，因此，在教学方法上有待改进，教学水平和

[1] 魏进平：《地方高校研究生培养模式——产学研合作教育的探索》，载《国家教育行政学院学报》2008年第9期。

能力有待提高；二是对教学内容没有精心设计，多数是以讲某个专题形式进行，三是对双师型教师的管理没有形成激励机制。对其教学工作量的核定、教学质量的奖惩、所享有的权利等没有系统制度规定，导致他们的工作积极性不高。

（五）教师教学方法缺乏创新性

目前多数教师的教学方法仍然以传统的教学方式为主，即所谓的“三为主”形式，即纯粹的知识讲授为主，以教师为主，以教材为主。缺乏互动式、启发式、研讨式教学。有专门研究中国大学的教学方法的学者指出，虽然现在已经进入互联网时代，但我国大学教学方法和30年前甚至更早时期相比，基本上没有什么变化。[1] 其原因既有制度层面，也有教师个人层面。制度层面在于，多数高校引进人才时，只是片面地从学历方面考虑，至少要求是博士，极少从教学方法和法律实践经验角度考量人才标准。导致教师没有经过教学方法培训就直接走上讲台授课，其教学效果可想而知。个人层面在于教师自身缺乏改进教学方法的自觉性和主动性，存在沿袭老旧的教学方法的习惯惰性，加之部分教师则重科研轻教学，对法律实务更是无从涉及，导致只会“纸上谈兵”，却无法解决现实中的法律问题。事实上，卓越法治人才对师资提出了更高的要求，要求教师集知识、技能和实践经验为一体 。

（六）实践课程质量监控措施阙如

目前对学生的成绩考评还处在单一化、简单化现象。大部分高校在实践教学的评价主体、评价内容、评价指标、实践教学质

〔1〕 参见别敦荣：《大学教学方法创新与提高高等教育质量》，载《清华大学教育研究》2009年第4期。

量反馈机制及结果运用等方面存在分散化、零碎化状态，甚至相互矛盾与冲突，缺乏应有的统一性、系统性。[1] 如对学生学业的考评仍然以考试为主，即以学生掌握的知识考察为主，对学生的实践创新能力缺乏实质性考评。学生的实习实践活动虽然有教学安排，但质量监控不足，或者缺乏切实有效的监控手段和措施。每一门具体的实践课程没有教学目的、教学计划、质量监控等相互匹配和相互支持。这既不符合人才培养的规律，也不符合基本的教学规律，从而大大影响了实践教学质量和教学效果。

五、构建法学实践教学课程体系的六个维度

新时代民族高校要担当起为民族地区培养中国特色社会主义法治建设所需要的卓越法治人才，应当基于 OBE 教学理念[2]，优化实践教学课程体系，把实践教学从检验学生理论知识的手段上升为人才培养的核心抓手，推进以问题解决和能力提升为导向的一系列法学教育改革。

第一，准确定位法学教育的实践理性以回归法学教育本旨。其一，法律自身的实践理性决定了实践教学所具有的突出价值。法律是一种调整人的行为的规范系统，背后调整的是社会关系，或者说是一种社会冲突的解决方式。法学教育的最终结果，是要培养法治思维，“像法律人那样思考”，即能够用高超的法律实践

---

〔1〕 吴文平、谭正航、尹珊珊：《应用型卓越法律人才培养目标下的地方高校法学专业实践教学质量评价体系建设路径》，载《理论观察》2016 年第 3 期。

〔2〕 OBE（Outcome based education）即成果导向教育或称能力导向教育、目标导向教育或需求导向教育，是目前较先进的教育理念之一，它是在 1981 年被 Spady 等人提出，然后很快获得教育者的重视与认可，现已成为美国、英国、加拿大等发达国家的主流教育理念。参见孙迪迪：《基于 OBE 教育理念的教学实践案例》，载《电子技术》2021 年第 9 期。

技能去解决现实中的具体法律问题。法律作为人造的规范制度体系，必须服务于人们方便交往、获取利益、保障安全、满足需要的外在行为和内在精神。在此意义上，法律就是方法，就是工具，就是技巧”。〔1〕正如美国首席大法官霍尔姆斯曾经说过的那样：“法律不是逻辑的结果，而是经验的积累。”〔2〕民国时期著名的法学教育家孙晓楼先生提出过法律人才培养的“三要件”：一是要有法律的学问；二是要有法律的道德；三是要有社会的常识。〔3〕英国法学家约瑟夫·拉兹深刻指出：法哲学本身只关心实践问题的法律方面，也就是说，关心一定的行为具有法律效果这一事实普遍地影响实践性审慎和特定地影响道德考量因素的方式。”〔4〕其二，从建构主义教育哲学来看，我们的知识教学并不是一个把外在客观的知识直接搬进学生主观世界的过程，而是需要学生作为认识主体经过一系列复杂的抽象过程，从而将客观知识逐步转化为学生自身的智慧和精神世界一部分的过程。这一过程，又是与人作为主体的思维活动和实践活动分不开的。〔5〕由此决定了案例教学、实践教学、仿真教学、参与式教学等“情景式”教学构成法学教育的重要内容。面向社会实际、面向具体问题的解决理应成为法学教育的理念。

---

〔1〕［意］桑德罗·斯奇巴尼选编：《正义和法》，黄风译，中国政法大学出版社1992年版，第34页。

〔2〕［美］E. 博登海默：《法理学：法律哲学与法律方法》，邓正来译，中国政法大学出版社2004年版，第159页。

〔3〕参见孙晓楼等原著：《法律教育》，中国政法大学出版社1997年版，第11~13页。

〔4〕［英］约瑟夫·拉兹：《法律的权威：法律与道德论文集》，朱峰译，法律出版社2005年版，前言第2页。

〔5〕宣刚、程虹：《地方应用型高校可控性法学实践教学体系构建》，载《宁波大学学报（教育科学版）》2016年第1期。

第二，系统化设计实践教学体系以实现教学内容协调有序。学生实践能力的培养是一个“润物细无声”的浸润过程，不可能一蹴而就，因为“法律乃一门艺术，一个人只有经过长期的学习和实践才能获得对它的认知。”〔1〕实践教学体系是一个系统，包括预期目标的选定、授课对象的选择、实践内容的设计、评价标准的设立、实践效果的反馈与利用等一系列措施和标准的构建。〔2〕应用型法学人才培养目标的“阶段性”目标和层次，从能力构成上看，包括基础能力、专业基础技能、综合应用技能三个层次。因此，在构建实践教学体系的方案时，应结合法学学科的规律和人才培养的规律，从整体性角度思考实践教学体系。一方面要注意将其与理论知识对接，实现实践教学与理论知识的“嵌入式”和“贯通性”；另一方面要关照自身的系统性，以便与学生的能力培养目标相契合。在明确应用型卓越法治人才培养目标的前提下，系统性设计实践教学体系。既要注意实践教学内容与理论知识内容的系统性；也要考虑实践教学内容本身各要素之间的逻辑性。

在整体性设计实践教学体系的基础上，再去系统化构建实践教学课程体系。实践教学课程体系的构建，需要符合认知规律，即按照从感性认识到理性认识再到职业认同的思维过程来构建实践教学课程体系。一般而言，一年级以庭审观摩、旁听为主；二年级的核心课程以案例教学为主；三年级以模拟法庭、法律诊所等时间技能操作为主。四年级则以专业实习为主。系统化构建嵌

---

〔1〕［美］E. 博登海默：《法理学：法律哲学和法律方法》，邓正来译，中国政法大学出版社2004年版，第159页。

〔2〕宣刚、程虹：《地方应用型高校可控性法学实践教学体系构建》，载《宁波大学学报（教育科学版）》2016年第1期。

入式实践教学过程。中国政法大学推行的“同步实践教学”值得借鉴。[1]

第三，协同性建立育人机制以丰富实践教学资源。法学实践教育离不开丰富的实践教学资源和平台。包括校内的实践平台和校外的实习实训基地等。目前民族高校与其它高校一样，都建立了校内外的实践平台，问题在于如何整合这些平台资源并加以统筹利用。一是充分利用好本校的各类实践平台。如A民族大学现有模拟法庭、法律诊所、法律援助中心、立法基地等资源。各个平台应当结合实践教学方案建立相应的运行管理和目标考核制度，以充分激活这些平台的作用。二是充分利用信息技术资源构建数据化平台，推动法学教育与现代信息技术的深度融合，进一步开发混合式教学课程，如与实务部门一起共同建设交叉融合法学实践基地，比如大数据司法实践基地、网络法院实习基地等。三是充分利用校外实践基地资源，加强与实务部门的联动，将社会资源转化为优质教育教学资源。落实实务部门接收法学专业学生担任法官检察官助理等制度，健全学校和法治实务部门的双向交流机制。设立实务教师岗位，吸收法治实务部门专家参与人才培养全过程，不断提升协同育人效果。

第四，实质化建设“双师型”教师队伍以强化实践教学支撑。《中国教育现代化2035》提出，建设高素质专业化创新型教师队伍，坚持把教师队伍建设作为基础工作，为教育现代化提供人才支撑。目前高校法学专业虽然在倡导建设“双师型”教师队伍，但有师无双的局面还没有实质性改变。如虽然聘有实务部门

---

〔1〕 于志刚：《法治人才培养中实践教学模式的中国探索：“同步实践教学”》，载《中国政法大学学报》2017年第5期。

的专家，但多数流于形式，并没有充分利用其专业技能为培养学生服务。要改变这一现状，需要从以下方面入手。一是立标准把好“入口”关，严格选任标准。坚持“德法兼修”标准，真正把那些德才兼备的优秀法官、检察官、律师、司法行政人员以及“乡土法杰”等实务人才选拔进来作为导师。为此，需要健全“双师型”教师认定聘用标准，突出实践技能水平和专业教学能力。[1] 二是强作用量身定制开设课程。根据实务人才的专业特长开设实践类课程，如各种案例研讨课程、实务前沿课程等。三是严考核把好考评关。将兼任学校教师的教学各种纳入考核范围。对其教学态度、教学方法和教学效果教学统一考评，在年终评优方面与实务部门互认。

第五，创新性改革教学方法以实现实践教学效果的最优。法学实践教学体系的构建最终需要教师来完成，而教学方法是教师能力的核心。教师应彻底转变教学理念，改革传统法学教育下以讲授式、传授式为主的教学方法，基于 OBE 理念，完成三个转变，即由知识导向向能力导向转变，由教师为主向学生为主转变，由结果考核向学习过程考核转变。在传统的讲授方法基础上，更多引入“启发式教学法”“案例教学法”“诊所教学法”“辩论教学法”以及“模拟法庭教学法”等以师生互动为特征的探究性教学方法，以训练学生从事法律实务操作、求证法律事实以及综合表达和创新思维的能力。同时，在教学目的上，由传统的知识传授为目的向培养学生的法治思维方式和解决法律问题的能力为目的。正如美国法学家庞德所言：“法学教育不是教授法

---

〔1〕　宣刚、程虹：《地方应用型高校可控性法学实践教学体系构建》，载《宁波大学学报（教育科学版）》2016 年第 1 期。

学知识，而是涵养法律思维。无论教授了多少实定法的知识，也无法追赶上法律的制定、修改和废除的速度。”〔1〕法学教育的主要目的在于培养具有法学基础知识和从事司法实务的专门型人才。这就要求在整个大学法学本科教育过程中，始终贯彻培训和训练具有法学知识、法律思维与司法技能三位一体的教学模式。

第六，精准化完善考评机制以管控实践教学质量。实践教学的评价体系应该包括评价主体、评价对象、评价内容以及评价方式等主要方面。〔2〕因此，应当系统设计实践教学评价体系。首先是评价主体上的多元化，应当包括教师评价、学生互评、实习单位指导老师评价等。其次是评价内容上的多元化，将法律文书写作、案例分析报告、提供的法律服务、从事的社会调查活动以及参与的各类实务大赛等情况分别设置一定权重。一般而言，实践创新能力的考评权重，至少应在30%~40%左右较为适宜。再次是评价方法的多元化。采用内部评价与外部评价、自我评价与社会评价、量化评价与质性评价相结合等多种评价方法，以全面考察学生的实践创新能力。

以上六个维度之间的关系是一个依次从宏观到中观再到微观的关系。第一个、第二个维度强调的是整个实践教学体系的认知与如何设计问题。回归法学教育的实践理性是大前提，在此前提下需要将实践教学体系纳入整个人才培养方案之中进行综合考量，并系统化构建实践教学课程体系。实践教学课程体系本身的设计需要考虑各个要素和环节之间的相互关系，它们之间的关系不是片面的、孤立的关系，而是融贯性、整全性的关系。因此，

〔1〕霍宪丹：《法律职业与法律人才培养》，载《法学研究》2003年第4期。
〔2〕熊勇先：《论卓越法律人才实践教学的保障》，载《湖南科技学院学报》2015年第11期。

需要将各个要素和环节有机地“嵌入式”设计。联合国教科文组织近年来一直致力于提倡“嵌入式”教学设计理念。2017 年 7 月，在泰国曼谷举办的第三届“亚太教育会议 2030”上，《可持续发展的教材——嵌入式指南》研究报告发布，系统性地提出了核心价值观课程的嵌入式（Embedding）设计模式。该模式体现整体主义的学习观，旨在从学习结果的角度实现知识与价值观的共生。[1] 第三个、第四个维度则是基于中观层面的考虑。包括协同性建立育人机制和实质化建设“双师型”教师队伍两个方面。协同性建立育人机制，强调的是高校与实务部门在育人机制上的彻底打通，真正实现资源共享、平台共建、人才共育。同时，高质量的教学必须依赖高质量的教师队伍建设。不管教育方式如何转变，但教师永远是教育活动的关键是无疑的。因此，法学实践课程目标的达成，必然离不开实质化建设“双师型”教师队伍。此处所指的“实质化”强调的是有别于目前很多高校的“形式化”建设，即仅仅停留在一纸聘书的层面而无实质性的深度参与教学活动。最后，创新性改革教学方法和精准化完善考评机制则是从微观角度出发，解决实践教学课程体系的“最后一公里”问题。即要将实践教学课程体系最终落地，需要对知识的“输出端”到“接受端”进行改革。在某种程度上可以说，教师教学方法的改革“永远在路上”。尤其是当代随着互联网、大数据、云计算的出现，对传统的学习方式构成了巨大的挑战。当然，同时对教师教学方法的也是一种便利。为此，教师需要善于利用互联网教学实践教学资源、采取多样化的教学方法去有效地

---

〔1〕 李广：《新时代师范大学高质量发展：现实诉求、历史依据与实践逻辑》，载《清华大学教育研究》2021 年第 4 期。

实施实践教学。精准化完善考评机制是要以学生为中心，在对学生的考评中，改变过去的单一注重结果性评价为注重过程性评价，从注重知识的掌握评价转变为注重对能力的评价，并科学设定各要素的权重，由此来实现对实践教学质量的科学监控。

结语

新时代民族高校本科法学专业建设目标明确，就是要培养应用型、复合型、创新型的卓越法治人才，以回应时代之需求、民族高校自身发展之特色。"每个时代必须重视它的法学。"〔1〕新时代民族高校卓越法治人才的培养应遵循为党育人、为国育才的根本宗旨，在坚持"立德树人"的大前提下，实现从传授知识向提升能力的转变。为此，需要从六个具体维度来系统构建实践教学体系。即以实践教育理念回归为前提；以实践教学内容的系统化为核心；以实践教学资源建设为基础；以"双师型"教师队伍为关键；以教学方法的改进为手段；以实践教学质量的监控为保障。将实践教学课程体系"嵌入式""贯通式"地与整个人才培养方案相结合，真正将情感目标、知识目标以及能力目标的培养融于一体。通过丰富的实践课程体系，使学生能够接触和了解社会实际，去发现社会中生发出来的问题，并运用法学知识与法律方法去解决这些问题，只有这样才能逐渐习得"实践技艺"，为成为一名"伟大的法律人"（great lawyer，霍姆斯语）打下基础。

〔1〕［德］阿图尔·考夫曼、温弗里德·哈斯默尔：《当代法哲学和法律理论导论》，郑永流译，法律出版社2002年版，第9页。

法律职业

Legal Profession

法科学生就业与专业建设联动改革研究*

◎杨东升　李宪君**

摘　要：法学教育作为高等教育的重要组成部分，对于法科学生就业及专业建设均具有重要意义。在我国司法考试改革及本科招生规模日益扩大的大环境下，针对法学教育培养与社会需求相脱节、法科学生就业困难等问题，高校法学专业建设人才培养需要与未来就业加强联动。高校通过就业定位与精准培养相结合，将法学理论与专业实践技能相结合，推行“双导师制”教学模式，提升法学实践教学教育质量，构建“法律+”复合人才培养模式，为社会输送“应用型、复合型、创新

* 2022年国家级大学生创新创业训练项目“泰州学院知识产权专业未来就业及专业建设推进研究”（项目编号：202212917003Z）。

** 杨东升，泰州学院人文学院公法研究中心主任，法学博士，教授；李宪君，泰州学院人文学院教授。参与该项目的学生有：张海娟、易芸楚、朱妍雯、孙钰楠、徐礼蕾。

型”全面发展的法律专业人才。

关键词：法学专业建设；人才培养；大学生就业；教学改革

引言

法学作为一门应用型较强的学科，其人才培养模式的改革创新应与经济社会发展相适应。不可否认，现阶段法学教育的同质化与法治人才需求多样性之间的矛盾已成为法学专业建设和发展中的主要矛盾。[1]

法科学生就业难的原因，学术界存有不同观点和看法。有学者认为，法科学生就业难归因于高校扩招导致的法科学生相对过剩，就业市场竞争压力进一步增大。[2] 另有观点认为，受新冠疫情的持续冲击，国内经济下行，企业为了压缩人力资源成本，减少工作岗位，而法学专业对其他行业的依附性较强，法科学生面临就业的压力更加突出。[3] 此外，还有学者从法科学生的就业观念切入，认为其所持有的“找工作要一步到位”“工作应与专业领域高度契合”等就业观念给就业带来潜在的挑战。[4]

通过专家座谈、问卷调查等多种形式收集数据发现，法科学生的就业难是诸多因素共同作用的结果。法科学生人数相对过剩，则要从提高教学质量入手，增强就业竞争力；市场提供的就业岗位“供不应求”，则应从复合型人才的培养着手，扩大就业

〔1〕 参见王新清：《论法学教育“内涵式发展”的必由之路——解决我国当前法学教育的主要矛盾》，载《中国青年社会科学》2018年第1期。

〔2〕 参见梁斌、夏玉芬：《对法学专业大学生就业问题的思考》，载《教育与职业》2013年第2期。

〔3〕 参见张云涛、陈晨：《后疫情时代大学生就业挑战与应对之策——以法学专业为例》，载《教育与职业》2021年第16期。

〔4〕 参见隋晶秋：《法学专业大学生就业难的症结及其对策》，载《黑龙江高教研究》第2008年第5期。

面；法科学生的就业观念与自身能力不相匹配，则应从职业规划等课程出发，使其深入了解社会职业，从而实现准确定位、高效就业。因此，高校对法科学生的培养机制将对其就业产生潜移默化的影响。

本文采用问卷调查、参考文献、案例分析、实证分析、比较法等研究方法，对法科学生的就业偏好与法学专业建设在就业中联动作用进行全面系统的分析，为我国法学教育改革与制度创新提供理论支持与实践指导。

一、我国法科学生就业现状分析

随着社会经济的发展和法治建设的深入推进，法科学生的个人素养与社会需求相脱节的问题越发突出，法科学生就业越发严峻。根据就业数据统计，相较其他非法学专业，我国法学专业就业难问题非常突出，深层次的原因可能与法科学生的就业偏好、职业资格准入、法律职业选择等因素相关。

（一）法科学生就业选择偏好

法科学生的就业去向具有多样性，其就业去向不仅包括律师事务所、行政事业单位、企业，还包括自主创业、参军、支教、继续深造（考研、出国）等。从数据统计看，大部分法科学生选择直接进入律师事务所、通过考取编制的路径进入国家机关、事业单位、国有企业，少数法科学生选择深造。

法科学生毕业后直接就业可以提早进入行业内积累工作经验，受其兴趣爱好、能力专长、职业价值观等因素的影响，法科学生的就业选择有所不同。根据艾媒智库发布的就业市场数据显示，2020 年，中国有 34. 2%的法科学生从事专业相关的岗位，如律师、法务；此外，从事销售业务、行政管理、人力资源以及高级管理的分布比例分别是10.2%、8.8%、6.9%、3.1%；与此同时，该专业有不少学生选择从事教育等其他行业。[1] 以北京大学国际法学院为例，该校2018至2022年毕业生就业分布情况中，42%的法科学生就业单位为律所，24%为政府部门及其组织单位，17%为国企，14%为工商行业。[2]

由此可见，企业和律所是法科学生的主要就业选择，国家机关和事业单位也是法科学生的重要流向。产生这种偏好的原因是多方面的，包括但不限于就业观念、家庭背景、社会发展等多种因素的综合影响。

（二）法律职业资格证对就业的影响

面对日益严峻的就业形势，取得法律职业资格证是法律职业道路上的镀金石。通过国家统一法律职业资格考试（以下简称“法考”）并取得法律职业资格证的人，既可以选择在体制内担任法官、检察官、公证员、仲裁员等职务，在体制外也有律师、企业法务、人民调解员、法律讲师等更多的就业选择。

除了多元化的职业发展前景，通过法考也意味着法科学生在就业时能够获得许多潜在的助益，这些助益可能会对法科学生自身的职业发展产生积极的影响。例如，在职场中获得晋升和加薪的机会，在考取公务员时提供有利条件，同时也为其进入传统的“非法律”行业提供了更多的机遇。除此之外，法科学生获得法

---

〔1〕《就业市场数据分析：2020年中国34.2%法学专业学生就业于律师/法务/合规岗位》，载艾媒智库官网：https：//www.iimedia.cn/c1061/72938.html，最后访问日期：2023年5月22日。

〔2〕《就业数据》，载北京大学国际法学院官网：https：//stl.pku.edu.cn/cn/sxjy/jysj.htm，最后访问日期：2023年5月22日。

律职业资格证还能为其生活带来经济上的实质性支持。根据国家税务局公布的规定，“纳税人接受技能人员职业资格继续教育、专业技术人员职业资格继续教育支出，在取得相关证书的当年，按照3600元定额扣除。”〔1〕这表明取得法律职业资格证可以申请退税；同时，法科学生在取得法律职业资格证后，可以查看其所在地人社局有关技能提升补贴的相关公告，根据公告要求准备申请材料，即可申领补贴。

与此同时，对未通过法考的法科学生而言，在就业过程中往往会面临着诸多困难。第一，就业选择有限。法考是从事许多法律职业的门槛，未能通过将无法从事“须取得法律职业资格”的特定职业岗位。第二，就业竞争力低。未取得法律职业资格证的学生对比其他具有同等学力的竞争者，在市场竞争中缺乏核心竞争力。第三，就业信心不足。未通过法考可能使得部分学生怀疑其所学的法律知识是否完备，自身是否适合从事法律职业，这将会进一步影响其对就业的信心。

当然，未通过法考并不意味着法科学生必然无法从事法律工作。对拥有法律基础的法科学生而言，企业法务也是个不错的选择，法科学生还可以从事法律编辑相关工作，或是参加国企招聘。也有不少法科学生通过公务员考试，从事公检法中无法律职业资格要求的岗位。还有许多法科学生选择转行从事金融、保险、房地产等领域，这些领域也会涉及合同审查、规章讲解等与法律相关的内容，这也为法科学生就业创造了不同的可能。

总而言之，虽然未取得法律职业资格证也能从事法律相关性

〔1〕《国务院关于印发个人所得税专项附加扣除暂行办法的通知》（国发〔2018〕41号），载中国政府网：http：//www.gov.cn/zhengce/zhengceku/2018-12/22/content_5351181.htm，最后访问日期：2023年5月22日。

工作，但取得法律职业资格证日渐成为法律行业通用的职业准入，具有就业面更广、就业竞争力更强、就业压力小的优势。

（三）法律职业共同体的选择情况

对于法律实践者而言，法律职业共同体是指由法官、检察官、监察官、律师、法学家等共同构成的从事法律专门职业的社会群体。这个共同体成员一般受过专门法学教育和法治思维训练，具有比较完备的法学专业知识[1]。目前，我国法律职业与法学教育之间缺乏制度性联系，并长期处于脱节状态中，而想要妥善地解决这一问题，就必须从宏观上认识到法律人才培养与法律职业共同体培养之间的联系。因此，从本文看“法律职业共同体”，其实是在看“法律人才培养共同体”。

“法律人才培养共同体是法律职业共同体形成、发展和存续的先导、基础和根本保障。”[2] 高校需重视学生在进入法律职业共同体之前所接受的培养方式，尤其是法律职业共同体对法科学生技能培养上所能提供的帮助。根据项目组调查结果统计，88.75%的学生希望得到法律职业共同体内资深专家的就业指导；其中，有72.5%的法科学生希望通过经验交流的方式进行就业指导，67.5%的学生想通过培训来进行。这些数据表明，法科学生希望从法律职业共同体中获得就业指导的愿望较为强烈，从而进一步了解就业市场，明晰不同岗位的工作内容，为就业提前做好准备。

---

〔1〕 舒国滢：《促成法学知识与实践良性互动（大家手笔）》，载人民网：http://opinion.people.com.cn/n1/2018/1105/c1003-30381034.html，最后访问日期：2023年5月22日。

〔2〕 霍宪丹：《试析法律职业共同体与法律人才培养共同体之间的互动》，载《法制与社会发展》2003年第5期。

从法科学生对法律职业共同体的选择情况来看，高校应当关注学生与法律职业共同体从业人员的接触与交流，满足学生的需求，构建与法律从业人员接触、交流的平台，通过系统学习，掌握专业技能，提高对法律职业共同体的认同感，明确自身就业方向。

二、法学专业建设对就业的影响

当前就业形势下，市场对法律实务人才需求旺盛，但存在法科学生就业困难的现象，其原因在于法科学生的职业技能水平难以满足用人单位的需求，因此，迫切需要高校推动新时期法学专业建设，构建更加完善的法科学生培养机制，提高法科学生的综合素养，增强其就业竞争力。

（一）理论教学与法律职业资格考试的矛盾

法学教育是法律职业共同体的摇篮，是法治队伍建设的源头。当前，法学教育多表现为法学理论的教育（即“理论教学”）。而法律职业资格考试作为遴选职业型法律人才的第一场考验与法学教育存在脱节的状况，即高校通过纯粹理论教学所培养出的法科学生不能达到法律职业资格考试的相关要求，主要体现在以下两个方面：

第一个方面，定位不同。法律职业资格考试是为了遴选职业型法律人才，更重视法科学生对现行法律法规的掌握以及学生是否具备相应的法律职业能力。而理论教学的定位则为通识教育，更注重对学生法律理论知识的教学。二者之间的冲突可以说是理论型人才与实践型人才的冲突。

第二个方面，能力要求不同。法律职业资格考试对法科学生的考查重点不仅包括其对法律基础知识的记忆和理解，还包括其分析案件、归纳焦点、寻找法条、解决问题的实务操作能力。而理论教学中通常是比对“同一问题不同国家的法律规定”，从历史变革的角度理解制度的演变，更重视对法科学生法学思维的培养。

综上所述，法律职业资格考试要求法科学生具备分析和解决问题的能力，本质上是适用现行法律处理实务问题的能力。然而，高校的理论教学模式明显不能满足法律职业资格考试的相关要求，这加剧了理论教学与法律职业资格考试之间的矛盾，使得该模式下培养的法科学生的职业素养不能满足就业市场的根本需要。

（二）法学理论与专业实践技能的衔接问题

理论教学与实践教学深度融合是教育教学的基本规律，是新时代教育改革发展的要求[1]。通过研究我国高校法学院案例教学法的应用情况，不难发现当前法学专业存在重理论轻实践、理论实践融合不到位等问题。在社会经济快速发展的背景下，传统的法学教育模式已经无法适应时代的要求，严重阻碍法科学生综合素养的提高。

首先，在法学理论层面，多数教材侧重于阐述法律的基本概念、调整对象、法律责任和立法原则等理论知识，对相关案例的介绍则较为匮乏，特别是随着经济社会发展与国家政策导向的转变而产生的最新版指导性案例介绍分析较少。

其次，在专业实践技能的培养方面，各高校对法学实践教学

---

〔1〕《高校理论与实践教学如何深度融合》，载中国教育新闻网：http：//www.jyb.cn/rmtzgjyb/202106/t20210607_595262.html，最后访问日期：2023年5月22日。

的认识并不一致，实践环节的学时安排、开展模式、成绩评定方式及实践设施、师资情况也千差万别，发展极不平衡。[1] 与此同时，高校对法科学生实践技能的培养还存在着“以学生为中心”的实践主体地位不突出，以“校企合作”为主要形式的实践教学模式不完善，教学反馈机制形同虚设等问题。

最后，现阶段的中国社会正处于高速发展的时期，各种利益诉求相互交织，法律实践在一定程度上超出了法学理论的界限，理论发展滞后于人工智能等科技新领域的迭代更新，在实践中显现出法律漏洞，而法学理论无法为动态发展的法律实践提供最新的理论支撑。并且，法律实践的复杂性同样导致法学理论呈现出碎片化的研究弊端，使得法学理论无法与法治进程中的法律实践相契合。

上述问题阻碍了法学理论与专业实践技能之间的衔接。因此，建立一个完整而又灵活的实践教学体系，使法学教育更加贴近实际势在必行。例如，高校与人民法院、人民检察院、司法部等合作开展多层次、多元化、跨领域的协同育人，开创“法学院校—实务部门”资源双循环运行格局，[2] 构建以校内实训为主、校外实训为辅的多层次实践教学模式。

总之，法学理论和专业实践技能之间的联系需要高校予以更多关注。只有在理论教学的同时注重实践教学，才能使法科学生获得真正意义上的法律知识与技能，从而增强其就业竞争力，满足职场需要。

---

[1] 参见霍艳梅、孙淑云：《高校法学专业实践教学的必要性及内涵》，载《教育与职业》2007 年第 32 期。

[2] 参见王轶等：《“新时代复合型法治人才的培养”大家谈（笔谈）》，载《西北工业大学学报（社会科学版）》2022 年第 2 期。

（三）法律复合型人才培养构建问题

随着社会主义市场经济的蓬勃发展和全民法治意识的提高，各行各业迫切需要一批既熟悉法学基础知识，又懂得“非法学”专业知识，既有坚实的理论功底，又有较强的实践能力的法律复合型人才。法律复合型人才的培养具有重要的现实意义，然而，现存的培养模式存在诸多问题。

第一，双学位培养模式不够完善。目前，双学位培养模式是我国法律复合型人才培养采取的一种较为广泛的培养模式，但受其学制与学习周期的限制，学生对“非法学”专业知识的掌握不成体系。并且，很多高校没有开设实践类课程，导致接受双学位培养的法科学生仅拥有两个专业的学习背景，却没有相应的实践经验。在对双学位学生的培养过程中仅达到“非法学”专业与法学专业之间机械相加的效果，双学位学生难以将两个专业间的知识做到融会贯通。

第二，不同专业间的学科壁垒难以打破。由于不同学科有不同的学习思维，法科学生进行跨学科学习存在一定困难。例如，在进行法学专业与人工智能专业的学习时，由于人工智能专业需要学生具有扎实的物理、数学等方面的知识基础，法科学生往往要花费较大的学习成本才能掌握人工智能领域的相关基础知识。与此同时，这也给选择复合型人才培养道路的法科学生带来了较大的学习压力。

除此之外，我国法律复合型人才培养还面临着教师资源整合度不高、“法律+”模式中的特色课程不够深入等困境，这些问题都需要高校采取相应的统筹解决措施。

三、法科学生的就业与专业建设联动

法学专业建设与人才培养息息相关。然而，高校在人才培养模式方面的滞后性导致其所培养的法科学生不能有效地满足社会经济发展的需要，如何改善其人才培养模式并深化法学专业建设是高校所需关注的重点。

（一）就业定位与精准培养相结合

就业定位，也称职业定位，就是明晰一个人在职业上的发展方向。精准培养是指高校以市场需求为导向，根据学生实际情况调整教学计划，进行分类教学，做到精准培养，以实现法科学生与社会需求的高度契合。目前，我国部分高校对法科学生的培养存在课程设置不完善、未考虑到不同层次学生需求等问题。为迎接法学专业人才的需求在社会不同领域呈现出多样化的挑战，高校应对学生采用就业定位与精准培养相结合的培养模式。

首先，高校应当进一步加强对学生的职业规划指导，开展职业自我认知教育课程，帮助学生明晰自身的就业定位。在职业规划课程中对学生进行职业兴趣、职业性格、职业能力和职业价值观等方面的测评，根据测评结果引导学生进行自身精准定位，设立科学合理的职业目标，摆正就业期望值。通过开展职业规划教育课程可以使学生明晰自身就业定位，在掌握基础理论知识后能够有指向性地学习一些具有实际应用价值的知识和技能，从而满足社会对高品质法律人才的需求。

其次，高校应当根据学生的个人就业定位和内在需求来调整课程体系，实现就业定位与精准培养相结合。当前，我国各高等院校法学专业的课程存在设置不科学、实践性不强和教学方法陈旧等不足。因此，在培养法科学生时，高校应考虑到学生的个体差异性，包括但不限于学生的能力基础、学习兴趣和就业定位，以培养理论和实践相结合为导向，制定相应的教学方案，完善校企沟通平台，做到因材施教，分类教学。

最后，高校应完善教学质量评价及反馈机制，及时关注学生关于课程设置、培养模式等方面的反馈。高校也应定期召开教学质量评价座谈会，深入了解学生需求，及时调整，满足学生在不同时期的学习需要。

（二）法学理论与专业实践技能相结合

法律职业的核心在于将法律理论知识转化为实践技能。在法学教育中，法学理论与专业实践技能二者相辅相成、密不可分。法学理论是法科学生学习的基础，而专业实践技能则是法科学生通过实践获得的技能，是从事法律职业的关键。因此，在培养法科学生时，应当将二者有机结合起来。

一方面，强化理论知识教学，培养学生的法学素养。法学理论是法科学生学习的主要内容，学生通过学习法学理论知识，掌握法学知识体系，进而提高自身的法学素养。但由于法学理论知识较为抽象，学生对其掌握起来较为困难，无法准确把握法学理论的内涵与外延。因此，在教学设计中，教师应挖透教材，找准目标和重难点，引入案例教学，尤其是最高法的指导性案例，以此将理论知识讲深、讲透、讲活。

另一方面，强化实践技能教学，掌握法律实务操作技能。法科学生的实践技能是指法科学生通过参与实践，能熟练地运用各种法律知识为他人解决法律问题的能力。经项目组调研得出，高校强化法科学生的实践技能主要有校内和校外两种途径：在校内层面，在模拟法庭中对学生进行锻炼，学生通过角色扮演训练自身的法律思维和表达能力，促使其将理论知识与实际案件相结合。在校外层面，高校组织学生前往高校附近的社区或者法律服务中心提供法律知识宣讲与咨询服务，利用自己的专业知识分析并解决法律服务过程中所接触到的相关法律问题，在演讲和互动中检验自身对知识的掌握度，不断锻炼学生的实务能力及交流能力，从而达到将理论知识转化为实践技能的效果。

（三）采用“法律+”复合人才培养模式

目前，我国高校法学教育中存在着以下问题：第一，我国高校法学教育没有完全适应市场经济的要求，法律人才培养模式仍停留在传统的单一层次的法律人才培养模式上；第二，由于高校法学教育的课程设置不够多元，导致很多法学专业的学生只懂法律知识而不懂经济、管理、金融等其他相关学科的知识；第三，由于我国高校法学教育中缺乏对学生法律职业能力、创新能力和综合素质的培养，导致很多学生毕业后无法适应社会的需求。所以，构建满足社会主义法治建设需求的复合型法律人才培养模式是高校法学教育改革的当务之急。

培养高品质复合型的法律人才是法学教育的基本目标。为培养出社会所需要的复合型人才，法学教育既要注重对学生法学专业理论知识的传授，也要注重对其他学科知识的学习和综合素质的培养，达到这一要求的关键是突出“复合性”。这就更强调将法学知识与其他学科知识有机融合，以设置其他相关学科的选修课等方式来实现法学知识和相关学科知识的交叉渗透，[1] 促进

---

〔1〕 参见沈姮、戴志洲：《卓越法律人才法治精神培育机制探析——以“双导师制”为研究对象》，载《课程教育研究》2017年第37期。

法科学生的多元发展，推动“法律+”复合人才培养模式的有效实施。采取以学科为主线的“法内”复合与“法外”复合，以领域为主线的“文文”复合、“文理”复合等多种交叉复合形式，实现双线复合，打破学科专业壁垒，突破专业界限，促进理工结合，文理渗透，医工融合等，在复合型法治人才培养中进行有益探索。

“法律+”复合人才培养模式是指高校法学教育要把法律理论知识与其他相关学科知识有机结合，以加强高校法学教育的应用性和多面性，提高学生的综合素质。在这一模式中，除了学习法学专业知识外，更要学习一些其他学科的专业知识，如计算机科学、通信工程、电气工程等专业知识，同时也要充分考虑不同行业对法科学生的需求特点。

这种模式不仅可以满足社会对复合型法律人才的需求，还可以使法科学生切换视角，对涉及多领域的复杂问题作出互补性分析，从而找到解决问题的综合性办法。由此可见，构建复合型法律人才培养模式是推动法学专业建设的有效手段。

（四）实施“双导师制”教学模式

目前，我国法学专业的教育培养模式，在教学内容、课程设置、教学方法、考核方式等方面，基本上还是以“教”为主，“学”为辅，即重视对学生理论知识的学习，而不重视对学生实践能力的培养。这种模式对于培养学生的体系思维有一定作用，但与培养应用型法律人才的要求不相适应。为此，高校应大力推进教学改革，实现校内理论与校外实践相结合。具体而言，就是要在法律人才培养中实施“双导师制”。

所谓“双导师制”教学模式就是为一名法科学生配备校内和

校外两类导师。[1] 校内导师进行理论教导，校外导师促进实务技能培养，两类导师共同对法科学生进行培养。

这种人才培养模式也是目前国内部分法学院校已经在采用的一种新型人才培养模式。比如，烟台大学法学院从 2015 级本科新生起推行班级“双导师制”，即由学院专任教师和优秀校友分别担任本科生班级校内专职和校外兼职导师。校内专职导师主要在专业知识教学、思想政治教育、学业规划指导等方面给予帮助，校外兼职导师则主要在励志教育、社会实践、生涯规划、职业技能方面给学生提供指导。[2]

实践表明，“双导师制”有助于实现法科学生校内理论与校外实践相结合，促进法科学生的职业能力培养，提高高校人才培养质量。为此，应从以下几个方面推进“双导师制”教学模式的实施。

第一，组织校内导师进行专业培训。例如，定期开展学术交流活动，讨论法学教育和法学研究现状、存在问题及对策，研讨法学教育和法学研究中的热点和难点问题，交流教学经验和研究成果等。

第二，加强法律人才培养的校外导师队伍建设。在有条件的高校成立专门的校外指导教师队伍，可以通过在社会上聘请兼职教师来担任法律人才培养的校外导师，通过校内外导师的共同培养来提高法律人才的专业素养。

第三，构建科学的法律人才培养评价体系。目前，我国法学

---

〔1〕 参见沈姮、戴志洲：《卓越法律人才法治精神培育机制探析——以“双导师制”为研究对象》，载《课程教育研究》2017 年第 37 期。

〔2〕 《法学院引入校友力量推行本科班级双导师制度》，载烟台大学官网：https：//www. ytu. edu. cn/info/1048/7921. htm，最后访问日期：2023 年 5 月 22 日。

教育评价体系存在一些问题，主要表现为：注重知识传授、结果评价和理论评价，而一定程度上忽略了能力培养、过程评价和实践评价。所以可以将职业能力与知识基础相结合来构建科学的法律人才培养评价体系，这样才能更好地发挥出法律人才培养对法治社会建设和经济发展的积极作用。

第四，建立完善的激励机制、考核机制和保障机制。首先，建立完善的制度体系，制定科学的培养方案、规范的培养过程、明确的考核标准和严格的考核程序等。其次，制定和完善对教师的激励机制。将导师指导学生情况与其工作量、教学科研、绩效考核挂钩；制定考核标准和程序，将学生参加教师科研课题、参加学术活动以及获得荣誉奖励等情况作为重要指标纳入对其的考核体系。最后，构建对学生的保障机制。设立专项奖励基金，鼓励优秀学生进入法律队伍。

法学专业人才培养离不开导师的指导。实行“双导师制”培养学生，不仅能够提升其法律理论水平，还能使其快速适应法律实务工作，有利于培养学生的法律实务能力和法律职业道德。所以“双导师制”教学模式是促进法科学生的就业与专业建设联动的重要措施之一。

结　论

为实现法科学生就业竞争力与专业建设的联动，高校应将理论与实践并重，在通识教育的基础上丰富法科学生的实践性课程设置，通过模拟法庭、法律咨询服务活动等方式，使法学理论知识有效地应用到实际中去，使法科学生的实践能力适应社会发展需要。首先，借鉴硕士阶段的培养方式，对法科学生实施“双导师制”教学模式。再次，高校还需提供专业的就业指导，不仅是设置职业规划课程，还应当搭建校企合作平台，将就业定位与精准培养相结合。最后，高校可以采用“法律+”复合人才培养模式，使法科学生在懂得法学基础知识的同时，能够掌握一门“非法学”专业的技术。

百花园

Spring Garden

技术加速时代思想政治教育的困境与超越　冯　茜
以深度辅导提升大学生入党启蒙教育质量路径探索　杨志达　张洪榛

技术加速时代思想政治教育的困境与超越

◎冯　茜*

摘　要：当前，在技术加速时代，各种先进科技成果正以前所未有的态势变革着人们的生活、工作、学习等各个方面，吹响了对人类社会各方面深度影响的号角。在技术加速时代，人们的各种现实景象和行为动作都可以被“数字化”，这些被数字化了的现象及行为都能够依据大数据或算法被采集、存储、分析和再次利用，在一定范围内极大跨越了传统以往获取信息与剖析的方式，[1] 为人们精准了解，预测发展提供了强大支撑。目前，先进信息技术在我国得到广泛应用并产生深远影响，作为社会系统一方面的思想政治教育，先进信

---

* 冯茜，上海理工大学马克思主义学院，法学硕士，研究方向：思想政治教育。

〔1〕 张瑞敏：《大数据背景下高校思想政治教育创新研究》，华东师范大学2020年博士学位论文。

息技术为其创造了机遇的同时也带来了困境。由此，本文聚焦技术加速时代背景，从六个方面深入探讨先进信息技术如何助力高校思想政治教育创新，走出困境。

关键词： 技术加速时代；大数据；思想政治教育

一、技术加速时代的概念与特征

（一）技术加速时代的概念

21世纪是信息技术迭代更新、飞速发展的时代，也可称“技术加速时代”。这里的技术加速时代是指科技不断进步和创新的时代，新技术的发展速度愈加迅速，对人类社会产生了极大影响。随着互联网信息技术井喷式的发展，尤其是大数据、算法、人工智能等信息技术的兴起，互联网转换成人类社会的“大脑”角色，它从整体上对置身社会的每一个生命个体的存在方式和思想行为进行改造与重新“立法”。[1] 技术加速时代不仅为人的生存带来了新的机遇，也为教育教学带来了全新体验，尤其在思想政治教育领域，技术加速时代的到来，使高校思想政治教育变得有活力，为思想政治教育的传统赛道带来转变和机遇，借助大数据技术，实现对受教育者个性化的服务，加强思想动态时效性的监控，真正将教育服务落实到每个大学生的身上，促使学生在个性化与全面性等方面发生质的飞跃。

（二）技术加速时代的特征

技术加速时代最凸显的特征即科技创新速度加快；人类在科技领域的创新以前所未有的速度进行着，新的技术和产品包括大

---

〔1〕 龚成：《数字化生存时代大学生思想政治教育方法研究》，中国矿业大学2019年博士学位论文。

数据、云计算、智联网、人工智能等不断涌现，让人们的生活日益便利。技术的跨界融合；不同领域的技术开始相互渗透和融合，例如人工智能、大数据、物联网等技术相互关联，产生出新的产业和商业模式；不确定性和风险增加；技术加速时代确实提升了人类生产生活的幸福感，但同时也带来一些挑战和风险，技术的加速进程可能导致不确定性的增加和社会的不稳定；社会变革和价值观调整；技术加速时代的到来改变了人们的生活方式和社会结构，也迫使人们调整自己的价值观和行为方式。不仅如此，技术加速时代的特征还包括技术和人的关系重塑、全球化和边界消失等方面，而这些特征共同塑造了一个快速变化和不断创新的时代。

二、技市加速时代的背景和挑战

（一）技术加速对人们生活方式的影响

技术的快速发展和广泛应用对人们的生活方式产生深远影响，包括改变社会组织形态以及人们的社交行为、积极价值观与消极价值观的冲突更加凸显等方面。

1. 技术改变社会组织形态和社交行为

传统的社会组织形态通常以地理位置为基础，人们在特定的地点相聚，通过面对面的交流进行社交和合作。然而，随着互联网的出现和普及，虚拟社交和合作模式不断兴起，研究发现，互联网技术的应用促使社会组织形态由地理位置驱动转变为兴趣驱动。例如，社交媒体平台如 Facebook 和微信等将用户连接起来，形成了兴趣相投的虚拟社区。在社交行为方面，互联网的普及使得人们可以迅速方便地进行远程沟通，这改变了人们的社交习惯和方式。例如，年轻人更倾向于使用社交媒体平台来维持社交关系，而不是通过传统的面对面交流。从地理位置驱动到兴趣驱动的社会组织形态的转变，以及面对面交流向虚拟社交媒体交流的转变，都是技术改变的结果。这种改变不仅影响了社交行为的方式和习惯，也改变了社交行为的频率和规模。

2. 积极价值观与消极价值观的冲突

在技术加速时代中，积极价值观与消极价值观之间的冲突逐渐凸显，这主要通过大数据的广泛应用表现出来。积极方面主要表现在技术的快速发展使得人类可以更高效地获取信息、创造和分享知识，提供了更广阔的发展空间。同时，大数据的应用使得人们能够分析和利用庞大的数据资源，进而为决策提供理论前提，推动社会的创新和改革。但一方面，大数据的广泛应用带来了隐私和数据安全的问题；个人信息的泄露和滥用成为了现实存在的威胁，使得巨大风险隐藏在人们的社会秩序中。另一方面，大数据的收集和利用可能导致信息不对称和社会不公平。

（二）技术进步对人类思维方式的改变

1. 技术发展带来的信息过载现象

信息过载指的是社会所集中的信息量大于个人或某一系统所能接受、处理或高效利用的量，并且时而伴随瘫痪状况。其产生的主要逻辑是受传者对信息传播的速度远远高于信息反映的速度；大众媒介中受众所能消费、承受或需要的信息大大低于信息量；大量无关没用的冗余的信息严重干扰了受众对相关有用信息的准确分析和正确选择。[1] 从学生的角度出发，首先技术发展

〔1〕 高占林：《浅谈信息过载的影响及消除》，载《天水行政学院学报》2010年第6期。

带来的信息过载现象对学生的认知负荷造成了困扰；技术的普及和发展使得学生很容易接触到各种各样的学习资源和平台，然而，过多的信息选择可能导致学生陷入困扰，无法确定应该选择哪些信息进行学习，导致反而影响了学习效果。其次信息过载现象还会导致学生的注意力分散；互联网信息技术的快速发展的同时意味信息传递的速度增长，导致受教育者在学习过程中接受和处理的信息量剧增，但人类的认知能力是有限的，无法同时处理大量的信息。学生在不断接收、筛选和处理信息的过程中，往往会因为信息量过大而导致注意力的分散，无法集中精力进行深入的思考和学习。此外，信息过载现象还可能使得学生产生信息焦虑；随着技术的发展，信息的更新速度越来越快，学生需要不断跟进新知识和信息。然而，信息的不确定性和变动性无疑给学生带来了压力与焦虑感。

2. 社交媒体的传播方式与碎片化思维

“碎片化思维”最早由美国作家奥古斯都·考夫曼（Auguste Kerckhoffs）于19世纪末在其论文《密码学与通信保密原理》中提出，其对碎片化思维的定义是指人们思维方式的改变，由线性思维转变为断断续续的片段式思维。技术加速时代社交媒体的传播方式与碎片化思维之间存在密切关系。首先，技术的快速发展与普及为社交媒体的传播方式提供了广泛的平台和渠道；社交媒体以其交互性、即时性和全球性的特点，使信息的传输变得更加迅速高效。但随着信息传输速度的加快，人们的碎片化思维也变得更为普遍，社交媒体的传播方式以快速简洁的形式呈现信息，用户接受大量碎片化的信息刺激，使注意力被迅速转移，从而导致了碎片化思维的产生。这种碎片化的思维方式可能导致信息的误解、片面性和表面化，特别是对于复杂的议题和深入的内容，社交媒体的碎片化传播方式容易促使用户只接受信息的表面层面，缺乏对信息全面了解的能力。而在思想政治教育过程中，碎片化思维可能导致学生对复杂问题的把握能力受限、思维模式浅薄、以及对价值观形成的影响等问题。

（三）技术加速时代对思政教育的挑战

1. 网络思想政治教育的雄起与挑战

技术加速时代推动了网络思想政治教育的崛起。传统意义上的思政教育主要是指社会或社群用一定量的思想观点、政治理论、道德规则对受教育者施加有目标、有计划并形成组织的影响，塑造他们成为符合一定社会、某一阶级所需要的思想品德的社会实践活动。[1] 网络思政教育主要是借助互联网信息平台和相关的技术工具或手段，加强对公民的思想政治教育，以提高其政治意识、道德水平和社会责任感。进入大数据时代，互联网成为人们获取信息和进行社会交流不可或缺的重要工具和手段。首先，网络为人们提供了大量的信息资源，使得思想政治教育可以更便捷、全面地进行。人们可以通过网络平台获取来自不同领域、不同观点的信息，从而获得更为广泛和多样的思想政治素材。其次，技术的快速发展为网络思想政治教育提供了更多的教育手段和形式。例如，通过网络化的教学平台，可以实现随时随地的学习，并且可以利用多媒体和互动性的特点提高学习效果。此外，网络还为思想政治教育提供了跨地域和跨学科的交流平台，促进了知识的共享与传播。然而，技术加速时代也给网络思

---

〔1〕 孔鲁：《大数据运用于大学生思想政治教育的问题及对策研究》，中国矿业大学2018年硕士学位论文。

想政治教育带来一些挑战。首先，信息的丰富性和多样性导致了信息的过载与混乱。网络中存在大量的信息冗余、虚假和低质信息，尤其涉世未深的学生在获取知识时容易受到误导和误判。其次，网络的匿名性和开放性使得网络思想政治教育面临着信息安全和网络安全的威胁。网络上存在不法分子利用网络平台传播非法、有害的信息，从而破坏正常的思想政治教育秩序。此外，技术的迅猛发展也带来了数据鸿沟问题，部分人群无法获得丰富网络资源，直接导致这部分人群在思想政治教育中处于弱势地位。

2. 思想政治教育效果的影响

在技术加速时代，随着电子设备的普及率提高，电子设备对学生专注力的干扰是一个备受关注的教育问题。专注力是学生在自我学习或群学习过程中保持注意力、抑制干扰和保持专注的能力，对于学生的学习成效和学习体验至关重要。龚成提出，越来越多的研究表明，在数字化生存带来的解构与重构的交织冲突中，大学生群体正在成为生活实践少、学习思考能力退化的一代。[1] 首先，电子设备提供了丰富的娱乐和娱乐化学习内容，如电子游戏、社交媒体和短视频等，这些内容以吸引人的方式呈现，容易引起学生的兴趣和好奇心。其次，电子设备带来了许多干扰因素，如手机的通知声、电子邮件的提醒和社交媒体的消息等。这些干扰会使学生的注意力迅速转移。此外，电子设备的使用也会导致学生的认知负荷增加，即学生在处理信息和执行任务时的心理负担。电子设备对学生专注力的干扰是不可忽视的教育问题。学生因电子设备的娱乐内容、干扰因素和增加的认知负荷

---

〔1〕 龚成：《数字化生存时代大学生思想政治教育方法研究》，中国矿业大学 2019 年博士学位论文。

而失去专注力，影响他们的学习效果和学习体验。

三、技术加速时代下思政教育的困境

（一）技术变革对传统思政教育模式的冲击

技术的迅猛发展和普及，特别是互联网和社交媒体的普及使用，已经改变了人们获取和传播信息的方式。第一，技术变革使信息获取变得更加便捷和全面。传统思想政治教育主要通过教师和教科书传递知识和思想，学生的信息来源相对有限。然而，互联网的普及使得学生可以迅速获取到各种学术文献、观点和案例。这种全面而便捷的信息获取方式，使得学生接触到了更广泛的观点和思想，从而挑战了传统教育对于权威观点的传递。第二，技术变革改变了信息传播的渠道和方式。传统思想政治教育通常通过课堂教学和教科书来传递知识和思想。然而，互联网和社交媒体的兴起，使得信息传播不再受限于时间和空间的限制。学生可以通过社交媒体平台和在线论坛交流和讨论政治思想问题，形成了更加开放的学术空间。虽然这种开放性带来了多元化的观点，但也使得传统的思想政治教育在信息传播方面失去了一部分控制权。第三，技术变革加强了学生自主学习的能力。技术的普及使得学生能够根据自己的兴趣和需求获取所需的知识和信息，这种个性化学习的方式进一步增强了学生的独立思考和批判性思维能力。学生可以通过互联网搜索工具搜集资料和开放式学习平台进行自主钻研和学习，相比于被动接受教师的灌输式教育，学生更具主动性和创造性。然而，信息的海量和碎片化使得学生面临信息超载和真假难辨的问题。学生需要具备辨别信息可信度的能力，区分出真正有价值的信息。除此之外，正如上文所提到，技术的便利性也带来了注意力分散的问题，学生面临着过多的娱乐和虚拟社交的诱惑，可能会忽视对政治思想的学习和理解。虽然技术的发展为学生提供了更多的学习机会和自主性，但也带来了教育质量和信息真实性等方面的挑战。因此，教育者和学生应积极应对技术变革带来的影响，不断适应和创新，以确保传统思想政治教育的高效能性和前瞻性。

（二）技术加速对核心价值观和思想体系的冲击

在技术加速时代，新兴技术的广泛应用对学生的核心价值观和思想体系产生了冲击。这种冲击主要包括信息泛滥、个体主义强化、信息碎片化以及思维方式的改变等。第一，技术加速时代的信息泛滥给受教者带来了海量的信息，这使得他们在接受和获取信息时容易受到分散和干扰。过多的信息可能导致知识的碎片化，缺乏整体把握和系统思考能力。第二，技术加速时代加强了个体主义的倾向。新兴技术的普及和个性化服务使得个体获得了更多自主权和选择权，促使他们更加关注个体需求和利益。这可能会导致受教者在审视社会问题和价值观时，过度强调个人利益，忽视了自我本应承担的社会责任和自觉保护集体利益。第三，新兴技术使得信息获取更加迅速和简便，但也使得受教者容易只接触到限定领域的信息，缺乏全面性和多角度的了解。这可能导致受教者形成狭隘的思维和偏见，缺乏全局意识和宽容心态。第四，新兴技术的快速发展加快了学生的思维速度和助长了求快的心态。人们往往倾向于快速获得解决方案，追求快速成功。这种心态可能导致学生缺乏深入思考和探索的能力，仅仅停留在表面的知识和见解。

（三）数据泛滥挑战辩证思维能力

在技术加速时代数据泛滥是不可避免的现象之一，而数据泛滥对学生培养辩证思维提出挑战。数据的大规模产生和广泛可获取性，为受教育者提供了丰富的信息资源，但同时也淹没了真实可信的数据和虚假、误导性的信息。第一，数据泛滥导致了信息的过量，加剧了受教育者信息筛选和判断的困难。由于大量信息的涌入，受教育者需要掌握信息的筛选和重要性评估能力，以将有用和可信的信息从无用和虚假的信息中辨别出来。第二，数据泛滥加大了信息潜在的误导性和立场偏见。信息的传播并非完全中立和客观，往往受到制作者的倾向性和目的性影响。受教育者需要能够识别和分析信息的目的和隐含的立场，评估信息的客观性和可信度。在这个过程中，辩证思维的运用是至关重要的，它要求受教育者具备解读信息、辨别信息立场、分析信息可靠性和推理逻辑的能力。第三，数据泛滥给受教育者思维能力提升提出了更高的要求。辩证思维是培养受教育者思维自由和独立性的重要手段，它要求受教育者能够主动追求权威背后的逻辑和证据，从不同角度思考问题，质疑和挑战假设和立场，形成自己的独立判断。然而，数据泛滥背景下信息的涌入和快速传播常常使受教育者陷入过度信任和从众的思维模式中。

四、克服困境的思路和方法

（一）促进网络思想政治教育的发展

随着先进信息技术的发展，网络承担着人类社会的“脑部”工作。传统的思想政治教育在一些方面暴露出不适应时代发展的因素，网络思想政治教育应运而生，虽然处于不成熟阶段，但随着其实践与理论的丰富与完善，网络思想政治教育的课程和工作稳定性会不断增强并继续前行。网络作为信息技术的重要载体，具有信息传播快速、广泛覆盖的特点，能够迅速传递相关的思想政治知识和观点。通过各类虚拟平台，政府、机关、学校和社会组织可以发布宣传资讯，传播良好的思想政治价值观，引导公众正确理解和处理时事政治问题。网络上存在着大量的相关学习资源，包括学术论文、专家讲座、网络课程等。教育者与受教育者都可以通过网络平台自主选择学习资源，根据需求进行学习和进修，拓宽知识面。促进网络思想政治教育具有广泛传播、互动参与、学习多元化和监督评价等优势。鉴于网络的普及和便利性，思想政治教育工作者应积极利用网络平台和技术手段，开展相关教育工作，提高学生政治素养和思想政治意识。

（二）强化价值引领和道德培养

技术加速时代的特点之一是信息的快速传播和碎片化，人们容易受到各种不同价值观念的冲击。因此，思想政治教育者应该以身作则，切实引导受教育者树立符合社会发展的价值观念，培养他们对道德与伦理的敏感性，以及对社会责任的承担意识。例如，通过开展讨论、辩论等活动，让学生明确不同价值观念之间的差异，并帮助他们分析和评估这些观念的优劣，从而提高他们的价值判断能力。学生需要明确技术的使用范围和边界，以及理解互联网相关技术对个人、社会和环境的影响。因此，思想政治教育者应帮助学生建立正确的道德观念，引导他们在技术应用中考虑到伦理和道德的因素。例如，通过案例分析、道德决策模型等教学方法，让学生能够正确权衡利益，并做出符合道德准则的决策。技术加速时代思想政治教育者在强化价值引领和道德培养方面任重而道远。教育者应通过正确引导和组织教育，帮助学生树立正确的价值观念，锻炼学生价值判断能力，并引导学生在技术应用中始终牢记道德和伦理的要求，以促进社会的良好发展。

（三）培养辩证思维和系统思维的能力

在技术加速时代，信息泛滥和虚假信息的广泛传播给学生带来了诸多思维上的挑战。思想政治教育工作者应当帮助学生培养对信息进行分析、验证和评价的能力，从而辨别真假、优劣、合理与不合理之间的区别。同时，作为思政教育工作者具备相应的辩证思维能力是不可否认的，面对思政教育领域新样态、新形势，强化自我辩证思维能力，系统全面地处理特殊性与普遍性的关系，强化对隐匿价值观的审查力度。[1] 此外，还需要引导学生关注多样化的观点和立场，培养学生对权威观点的质疑和对不同意见的包容。技术加速时代带来了复杂的挑战和问题，需要学生具备全面思考和跨学科思考的能力。思政教师应当培育学生的综合素质，使他们能够理解不同学科之间的相互影响与关联，提高认识问题的能力。例如，在研究社会问题时，学生应能够考虑经济、政治、文化等多个方面的因素，并将其综合到分析和解决问题的过程中。

五、技术加速时代下的思政教育的超越

（一）利用人工智能算法提供个性化教育方案

在技术加速时代，人工智能算法为思想政治教育提供了超越传统教育模式的机会。算法能够收集、分析和解释大量的教育数据，从而更贴合因材施教的教育方案。第一，人工智能算法的分析能力可以通过分析教育数据帮助教育者更好地了解学生的需求

---

〔1〕 翟乐、李建森：《大数据时代思想政治教育的演进理路、现实困境及实践策略》，载《思想教育研究》2022年第7期。

和特点。习近平总书记指出："懂得大数据，用好大数据，增强利用数据推进各项工作的本领，不断提高对大数据发展规律的把握能力，使大数据在各项工作中发挥更大作用。"[1] 通过收集学生的个人信息、学习记录和行为数据，算法可以量化学生的学习风格、知识水平和学习能力，并提供相应的教学建议。教育者可以根据学生的个体差异，制定更加精准和个性化的教学计划，从而提高教育效果。第二，人工智能算法为学生提供个性化的学习资源和内容。基于学生的学习需求和背景，算法可以在量化学生学习情况数据的基础上计算出学生的兴趣、学习风格和知识水平，推荐适合的学习资料和内容。这种个性化的推荐系统可以帮助学生更加高效地获取知识，培养思辨能力和批判思维，深化他们对思想政治的理解。第三，人工智能算法提供即时的反馈和评估。通过对学生学习全过程的监察和数字分析，算法可以即时检测学生的学习进度、理解程度和困惑点，并给予相应的反馈和指导。这种个性化的反馈系统可以帮助学生及时调整学习策略，纠正错误，并提高学习的效果。

（二）创建在线社区提供互助学习平台

在线社区是指由学生和教育者组成的虚拟社群，通过网络等技术平台进行交流和互动。在线社区为受教育者创造了一个更自由的学习环境，学生们能够与来自不同背景和文化的人互相交流、分享和讨论。在技术加速时代，思想政治教育需要超越传统的教育方式以满足当今教学需求，可以通过创建在线社区提供互助学习平台，以更好促进思想政治教育的发展。一方面，在线社

[1] 习近平：《审时度势精心谋划超前布局力争主动 实施国家大数据战略加快建设数字中国》，载《人民日报》2017 年 12 月 10 日，第 1 版。

区能够跨越地域限制，使学生能够与全球范围内的人互动，获得来自不同文化和背景的观点，从而丰富思想。此外，在线社区中的学生和教育者可以共同批判性地思考和讨论重要问题，从而促进深入思考和多元化的观点。另一方面，在线社区能够充分利用技术工具，为学生提供更多样化和个性化的学习体验。通过在线学习平台，学生根据对自己学习风格的了解，以及结合兴趣和爱好选择学习内容和方法，同时，技术工具如在线游戏、虚拟实境等也可以激发学生的兴趣和动力，提高学生参与度和学习效果。除此之外，在线社区还能够促进合作学习和互助学习。学生可在在线社区中组成学习小组，共同研究和解决问题，互相补充和帮助。这种合作学习的形式不仅能够提升学生的学术能力，还能够培养团队凝聚力和团队合作的能力。

六、结论

在技术加速时代，思想政治教育需要重塑以适应新技术对个体和社会的广泛影响。网络信息技术的快速发展给社会带来了质变，不仅改变了人们的生活方式，还对价值观、人际关系和社会结构等方面产生了深远的影响。因此，重塑思想政治教育以适应技术加速时代的需求是必要的。除此之外，适应技术加速时代的思想政治教育还应注重培养学生的创新能力和适应能力。社会某一领域的飞速发展常带来新的挑战和机遇，技术也无一例外，网络信息技术的飞速发展要求个体具备良好的创新意识和适应能力，也要求相关部门抓住机遇促成质变。重塑思想政治教育应当鼓励学生主动接触并运用新的技术，培养他们具备应对变化的能力，不断学习和成长。总而言之，技术加速时代对思想政治教育提出了新的需求。重塑思想政治教育应当关注技术对价值观的影响、培养学生的创新能力和适应能力，以及应对技术加速对社会结构和人际关系带来的影响。这样的重塑将有助于培养适应技术加速时代的人才，推动社会的可持续发展。

以深度辅导提升大学生入党启蒙教育质量路径探索

◎杨志达　张洪榛*

摘　要：入党启蒙教育是党员教育发展链条的出发点，对大学生深化对党的认识、端正入党动机有重要意义。深度辅导是开展大学生思想政治教育的有效途径，可以通过强化深度辅导来提升大学生入党启蒙教育工作效能。但当前辅导员事务性工作繁多，部分辅导员的理论素养不足、部分学生存在抵触交流内心思想的认知藩篱也为深度辅导与入党启蒙教育深度联动设置了阻碍。本文从队伍建设、工作抓手、教育方法、载体平台和制度保障共五个方面提出了改进举措，探索通过深度辅导提升入党启蒙教育质量的工作模式。

关键词：大学生；深度辅导；入党启蒙教育

* 杨志达，北京科技大学经管学院，党委副书记、副院长；张洪榛，经济管理学院2023级硕士生辅导员。

党的二十大报告指出："培养什么人、怎样培养人、为谁培养人是教育的根本问题。育人的根本在于立德。全面贯彻党的教育方针，落实立德树人根本任务，培养德智体美劳全面发展的社会主义建设者和接班人。"大学生入党启蒙教育是党员培养链条的开端，是引导大学生入党积极分子树立正确的入党动机和世界观、人生观、价值观的第一课，国家需要主动作为、勇于创新，将立德树人贯穿始终，大力培养担当民族复兴大任的时代新人。多年来，很多学者专家及高校学生工作者从不同层面和视角，总结凝练了丰富的理论和实践成果来提升入党启蒙教育工作质量，但通过深度辅导强化入党启蒙实效的研究较少。作为辅导员履职的基本技能，深度辅导是开展大学生思想政治教育的有效途径，理应探索通过深度辅导提升大学生入党启蒙工作质量的有效途径。

一、深度辅导对于提升大学生入党启蒙教育质量的重要价值

当前大学生以"05后"为主，随着大学生成长环境发生的深刻变化，互联网、智能化等学习方式深度融入大学生的日常学习生活中，影响大学生入党启蒙教育实效的因素也在发生变化。本研究面向北京科技大学经济管理学院2023级366名本科新生开展了问卷调研，探究当前大学生对入党启蒙教育的期待。

大学生入党启蒙教育期待发生深刻转变。调研结果显示，大一学生最希望自己入党启蒙教育者的是辅导员和已经是党员的学长学姐，分别占比41.4%和23.6%；并且学生最期待的入党启蒙教育形式是一对一交流和实践活动，分别占比43.2%和28.7%，

而主题报告、课程讲授等传统的入党启蒙教育形式仅占比6.1%，可见学生对入党启蒙教育形式的期待已经发生转变，高校学生工作者需要进一步开拓工作思路，用学生喜闻乐见的话语体系和方式，提升入党启蒙教育实效，引导大学生听党话、跟党走，在青春的赛道上跑出当代青年的最好成绩。

深度辅导是提升大学生入党启蒙教育质量的必由之路。深度辅导工作是指辅导员在全面深入了解学生的基础上，依据教育规律和大学生成长发展需要，运用科学的理论和方法，有针对性地对学生在政治、思想、学业、情感、发展、心理等方面存在的问题进行深度的帮助和指导，是辅导员履行岗位职责、对大学生开展思想政治教育的基础性工作，包含一对一、一对多（班级、宿舍）等多种形式。[1] 调研结果显示，大学生最期待的入党启蒙教育形式是一对一交流，最希望自己入党启蒙教育者的是辅导员。以深度辅导形式开展入党启蒙教育符合学生诉求和期待，必能强化教育效果，不断激起学生对马克思主义的学习渴望，为思想成长打好坚实基础。

二、以深度辅导提升大学生入党启蒙教育质量的问题挑战

深度辅导是提升大学生入党启蒙教育质量的必由之路，但在实施的过程中由于辅导员事务性工作繁多，占据了大量的工作时间，致使在推进深度辅导上有很大阻力，此外部分辅导员的理论素养不足、部分学生存在抵触交流内心思想的认知藩篱也为深度辅导与入党启蒙教育深度联动设置了阻碍，需要在根本上重视并

〔1〕 王民忠主编:《青春引航——北京高校深度辅导工作的理论与实践》，北京交通大学出版社2012年版。

推动问题的解决。

辅导员事务性工作占据大量深度辅导时间。《普通高等学校辅导员队伍建设规定》（教育部令第24号）指出，辅导员是开展大学生思想政治教育的骨干力量，是高校学生日常思想政治教育和管理工作的组织者、实施者和指导者，应当努力成为学生的人生导师。然而，在现实中，辅导员承担了更多的事务性工作，既要完成上面“千条线”的工作，也要做好下方“一根针”的工作。在深度辅导中，入党启蒙只有通过细致的循循善诱才能实现入脑入心的效果，而不能照本宣科的例行过场，所以每次以入党启蒙为目的的深度辅导时间最好不低于半小时，每名辅导员负责200名学生，加上记录整理和后续跟进的时间，预计辅导员要拿出将近300小时的时间完成一轮教育，这对已有繁重事务性工作的辅导员来说是个巨大的挑战。并且入党启蒙不是一蹴而就的，思想的变化需要长期关注追踪，如果不能及时跟进巩固辅导成果，可能思想教育效果就会大打折扣。

部分辅导员理论素养不足削弱深度辅导水平。当前全球化进程愈加深入，世界各国政治、经济联系愈加紧密，西方国家正通过文化输入的方式加速在意识形态领域的渗透。在此背景下成长起来的“05后”大学生思想灵活多样，个性张扬，在自我评价、实践能力、教育期望值等方面发生了明显的变化。个性化的价值追求是“05后”大学生群体身上最显著的特点，在他们的人生规划中，较少关注物质，更注重个体的情感体验和价值实现。[1]大学生群体的新特点要求辅导员在入党启蒙教育中坚持以科学的

〔1〕　王海建：《“00后”大学生的群体特点与思想政治教育策略》，载《思想理论教育》2018年第10期。

理论为引领，坚持思想教育与心灵教育相结合、价值引领与情感引领相结合的工作方针，既重视科学理论的以理服人，也重视“05 后”大学生的以情感人，把二者有机结合起来开展入党启蒙教育。

部分学生存在抵触交流内心思想的认知藩篱。辅导员在实施深度辅导之前需做好调研了解谈话的学生，并据此制定辅导提纲，选择合适的时间地点对学生进行辅导，但辅导员无法提前预知学生是否抵触入党启蒙教育。有部分学生并没有在当前阶段接受入党启蒙教育的想法，认为深度辅导仅仅是和辅导员进行简单的交流，并不会认真对待，所以在谈话中只配合完成了表面交流，没有真实思想的表达，更不能全面地体现出学生当前的思想现状、需求和困难，让辅导员的后续对这部分学生开展的入党启蒙教育无的放矢，产生“热的逾热、冷的逾冷”现象。入党启蒙的教育效果取决于学生是否认可辅导员向其传递的思想，依赖于学生的自主思考和参与的意识，但如果学生在谈话开始前便筑起思想上的围墙，便不能有效的感知到教育过程中的有用资源，需要辅导员用更多的时间或采用其他的方法与技术让学生打破认知上的藩篱。

三、以深度辅导提升大学生入党启蒙教育质量的路径探索

提升入党启蒙与深度辅导联动的工作质量，需要提升其工作的规范化、实效性。高校要坚持以立足学生实际需求为导向，从建强工作队伍、发展有效抓手、着眼方法创新、搭建载体平台、强化制度保障共五个方面来改进当前工作，进一步提升深度辅导和入党启蒙教育实效性，为强化思想引领、发挥育人效用、助力

学生成长保驾护航。

建强工作队伍，夯实辅导员理论基础。习近平总书记在全国教育大会上强调："要精心培养和组织一支会做思想政治工作的政工队伍，把思想政治工作做在日常、做到个人。"[1] 要提升辅导员在深度辅导中的开展入党启蒙教育的质量，关键是强化辅导员的理论基础，一是提高辅导员对深度辅导技能的掌握程度，二是增进辅导员对党的理论知识的理解，强化工作队伍建设，这需要高校持续完善辅导员培训体系。辅导员的专业背景较多元，大量辅导员并不是"科班出身"，所以如何让新入职的辅导员快速掌握技能，让有经验的辅导员更新知识储备，是高校在开展辅导员培训时需要考虑的问题。在开展培训时要注重系统化和专业化，覆盖专兼职各类辅导员，将时代要求和最新理论成果融入培训内容中，不断促进入党启蒙工作向更深功底、更高层次、更实成效发展，促进实践和培训的有机结合，让辅导员们找到一套适合当代学生思想特点的深度辅导方式。

发展有效抓手，了解学生思想现状。学生是接受入党启蒙教育的对象和主体，但当代学生思想呈现出的新特点要求辅导员必须了解并理解学生思想现状，这样才能有的放矢的开展思想教育工作。这要求高校要加强学生思想调研工作，在传统的问卷调研基础上，发展学生干部群体为思想调研的有效抓手。高校学生干部是指党团支部、团学组织中担任某种职务的学生，他们与普通学生朝夕相处，充分了解身边同学的思想动态，是辅导员了解学生情况、上传下达的重要渠道。此外，学生干部也是学生自我教

---

〔1〕《坚持中国特色社会主义教育发展道路 培养德智体美劳全面发展的社会主义建设者和接班人》，载《人民日报》2018 年 9 月 11 日，第 1 版。

育、管理、服务的重要牵头人，他们普遍有较强的号召力，如果辅导员能与学生干部保持定期良好深度辅导并重点进行思想交流，化解其思想困惑，让学生干部可以在与普通学生相处时坚持正确思想导向，发挥潜移默化的积极影响，成为具有示范效应的“榜样旗帜”，能够让入党启蒙教育成效事半功倍。

着眼方法创新，增进师生交流成效。师生关系很大程度上决定了深度辅导能否发挥作用，从整体上影响了入党启蒙教育的效能。开展深度辅导的形式不能拘泥于谈话，可以采用自我教育法等启发式教育方法，引导学生进行自我探索，激发学生自身成长的动能，弱化学生心中的抵触情绪。自我教育法是指大学生借助外界的引导与启发，在固有的价值观和思想行为的作用下，开展自主学习、自我批评，以此不断地自我调节，自我改正，从而实现理论认知和思想水平的提升。[4] 辅导员可以充分引导学生开展自我教育，让学生在自我教育中将党的思想、理论入脑入心。过程中也要把握自我教育的度，防止变成“散养”，需要辅导员结合自己的工作经验，抓住一些典型的教育契机，例如在学期伊始、假期之前、考试结束、成绩公布、重大节日等关键时间节点引导学生开展自我教育，让学生克服自身局限，不断进步。

搭建载体平台，提升思想教育效果。提升深度辅导中入党启蒙教育质量，更要体现在工作平台中。深度辅导的整体过程离不开有效的载体，建设支持深度辅导工作的信息平台、公众平台、短视频平台十分必要。一是可以建立多方支持的深度辅导信息平台，辅导员上传深度辅导记录，教务老师、心理咨询师等其他多方主体上传其他相关信息，充分挖掘数据资源，利用大数据分析等技术，让“学生画像”在系统中立体化呈现，在此基础上实施精细化的深度辅导，方便入党启蒙工作的开展。二是建设有影响力的公众平台，抓住微信、微博等学生关注的公众平台，制作一批有影响力、受学生关注的作品，及时解答学生思想上的困惑，扩大入党启蒙教育的覆盖面。三是打造时髦潮流、硬核正经的短视频平台，以抖音、快手为代表的短视频平台近年来方兴未艾，是对学生进行思想教育的新兴阵地，形式生动活泼、内容说理清晰的短视频更受学生的欢迎，也能够进一步强化入党启蒙教育的深度和广度。

强化制度保障，确保辅导持续长效。全国高校思想政治工作会议上，中央要求高校将思想政治工作贯穿教育教学全过程。深度辅导和入党启蒙工作要像盐融于水一样浸入在平时，最终实现“润物细无声”效果。高校应制定符合时代要求和工作实际的工作制度，将入党启蒙教育融入各个学生教育环节，像在庆典典礼、评奖评优、校友返校、社会实践等育人环节中彰显思想政治教育功能，让学生的校园生活浸润在积极向上的氛围中，提升思想教育的实效。配套机制也要及时建立，设计实施深度辅导和入党启蒙的效果评价制度，包含指标体系、权重体系等科学架构，进一步明确辅导员的工作职责边界，进一步完善深度辅导和入党启蒙的工作要求，让辅导员充分重视深度辅导和入党启蒙的工作，并提升辅导员工作的获得感。